インドネシア語
レッスン
中級

ホラス由美子【著】

スリーエーネットワーク

Published by 3A Corporation.
Trusty Kojimachi Bldg., 2F, 4, Kojimachi 3-Chome, Chiyoda-ku, Tokyo 102-0083, Japan

ISBN978-4-88319-913-6 C0087
First published 2023
Printed in Japan

はじめに

　外国語を学ぶ目的は人それぞれであり、言語はもちろんのこと、その言語が使われる国や地域に対する興味関心もさまざまでしょう。新しい言語の学習は、未知の世界への扉を開くきっかけをつくるものだと思います。

　インドネシアは、近年加速度的に成長を続ける新しい大国の一つです。日本とインドネシア両国の関係も良好で、日本を訪れるインドネシア人の数も増えています。観光にとどまらず、留学、就労のために日本に在留するインドネシア人も増えてきました。私たちの身近にいるインドネシアの人々と交流する機会も今後ますます増えていくのではないでしょうか。インドネシア語の使用人口は、アジア地域内でも決して少なくありません。

　せっかくインドネシア語を学ぶのなら、少しでもインドネシアの事情を理解できるように、そんな思いを込めて「インドネシア語レッスン中級」を執筆しました。本書では、基礎的な文法を学習した方が次のステップへと進むために、インドネシアの言語、自然、文化、社会に関するテーマの読み物を通してインドネシアの事情に触れ、それらについて自分の考えを会話や文章で表現できる力を養うことを目指しています。このレベルで重要な「読む」「書く」技能を身につける一助になればと思います。

　本書の執筆にあたり、ウダヤナ大学文化学部教授Prof. Dr. I Nyoman Suparwa, M.Hum.先生、東海大学国際文化学部国際コミュニケーション学科教授大形利之先生より、内容や表現について細かく貴重なアドバイスを賜りました。また、ジャカルタで長年インドネシア語教師として活躍しておられるEmiko Larasati Sumichan, SH.先生、東京で活躍しておられる神言会司祭P. Adrianus Fani, SVDさんにも多くのアイディアを提供していただきました。ナレーターのNofi Alfrets Ruauwさん、Maria Veridiana Vercelli Soedjarnoさん、写真撮影・提供をしていただいたバリ島在住の増田淳二さんほか、多くの方々からサポートをしていただきました。ここに記し、深く御礼申し上げます。

2022年　降誕祭の日に
Cinta, Harapan dan Damai,
著者

Daftar Isi
目次

　　　　＊索引には原則として練習1で取り上げた単語、語根を載せていますが、一部の語根は載せていません。

別冊（練習2 解答例、練習3 質問の日本語訳と解答例、練習4 質問の日本語訳）

🔊 のついている箇所の音声をhttps://www.3anet.co.jp/np/books/4394/で聞くことができます。

読解 🔊 - 01

Bahasa Indonesia

Indonesia memiliki bahasa nasional yakni bahasa Indonesia. Bahasa Indonesia adalah bahasa pemersatu bangsa. Sebelum bahasa Indonesia lahir, warga di wilayah Asia Tenggara termasuk Indonesia memakai bahasa Melayu sebagai bahasa perhubungan atau *lingua franca* dan perdagangan.

Bahasa Indonesia lahir pada tanggal 28 Oktober 1928 pada momen Kongres Pemuda Indonesia II. Perkembangan bahasa Indonesia terus berlangsung hingga saat ini. Bahasa Indonesia menyerap berbagai kosakata bahasa asing, antara lain dari bahasa Sanskerta, Arab, Belanda, Inggris, Tionghoa, Jepang, dan lain-lain.

Selain bahasa Indonesia, orang Indonesia juga menggunakan bahasa daerah sebagai sarana komunikasi sehari-hari. Konon menurut suatu hasil survei, jumlah bahasa daerah di Indonesia mencapai lebih dari 700 ragam bahasa. Perbedaan antara bahasa Indonesia dan bahasa daerah adalah jangkauan dari penggunaan bahasa tersebut. Bahasa Indonesia menjangkau seluruh daerah Indonesia, sedangkan masing-masing bahasa daerah hanya menjangkau daerah tertentu. Misalnya, di daerah Jawa Tengah dan Jawa Timur, warga sering menggunakan bahasa Jawa, tetapi di luar daerah tersebut warga jarang menggunakan bahasa Jawa. Hal ini karena bahasa daerah di luar wilayah itu berbeda, dan jangkauan penggunaan bahasa Jawa tidak seluas bahasa Indonesia.

Bahasa Indonesia berperan sangat besar dan penting bagi masyarakat Indonesia. Keberadaan bahasa Indonesia ini membuat warga Indonesia dapat berkomunikasi satu sama lain tanpa mengenal perbedaan suku maupun daerah.

バリ島で使用されているバリ語の授業風景。
バリ語は固有の文字を用いて表記される。

練習1 単語の意味を調べましょう。

単語	意味	語根*	意味
adalah		ada	
Arab			
Asia			
Asia Tenggara			
bagi			
bangsa			
Belanda			
berbagai		bagai	
berbeda		beda	
berkomunikasi		komunikasi	
berlangsung		langsung	
berperan		peran	
daerah			
demikian			
hal			
hasil			
hingga			
Inggris			
jangkauan		jangkau	
jarang			
Jawa Tengah			
Jawa Timur			
jumlah			
keberadaan		ada	

＊語根の中には語根のみで使わないものがありますので、意味が書きにくいものがあります。

単語	意味	語根	意味
komunikasi			
kongres			
konon			
lingua franca			
maka			
masing-masing			
masyarakat			
Melayu			
memiliki		milik	
mencapai		capai	
mengenal		kenal	
menggunakan		guna	
menjangkau		jangkau	
menurut		turut	
menyerap		serap	
misalnya		misal	
momen			
nasional			
pemersatu		satu	
pemuda		muda	
penggunaan		guna	
perbedaan		beda	
perdagangan		dagang	
perhubungan		hubung	
perkembangan		kembang	

4

単語	意味	語根	意味
ragam			
saat			
Sanskerta			
sarana			
sebagai		bagai	
sebelum		belum	
sedangkan		sedang	
sehari-hari		hari	
seluas		luas	
seluruh			
sering			
suatu			
survei			
tanpa			
tengah			
tenggara			
termasuk		masuk	
tersebut		sebut	
tertentu		tentu	
terus			
timur			
Tionghoa			
warga			
wilayah			
yakni			

練習2 読解の読み物を日本語に訳しましょう。

練習3 下の問に答えましょう。 🔊 - 02

1. Sebutkanlah nama bahasa nasional bagi bangsa Indonesia!

2. Kapan bahasa Indonesia lahir?

3. Sebelum bahasa Indonesia lahir, warga Asia Tenggara menggunakan bahasa Melayu sebagai bahasa apa?

4. Sebutkanlah contoh kata-kata bahasa Sanskerta, Arab, Belanda, Inggris, Tionghoa, dan Jepang yang diserap oleh bahasa Indonesia!

5. Sebagai bahasa sehari-hari, selain bahasa Indonesia bahasa apakah yang digunakan oleh orang Indonesia?

6. Di Indonesia kira-kira ada berapa macam bahasa daerah?

7. Apa perbedaan antara bahasa Indonesia dan bahasa daerah?

8. Mengapa peranan bahasa Indonesia besar dan penting bagi masyarakat Indonesia?

9. Apakah Anda bisa berbahasa daerah yang ada di Indonesia?

10. Pernahkah Anda mencari tahu tentang sejarah bahasa Indonesia?

インドネシア語の発音が上手にできるように…

　インドネシア語の発音のしかたを紹介する時、よく見聞きするのは、「日本語をローマ字表記したものを読む要領でそのまま読めばよいので、発音はあまり苦労せずに習得できる。」というものです。しかし、全てのインドネシア語の単語が日本語のローマ字読みで正しく発音できるのかといえば、そうではありません。ここでは、インドネシア語の単語の音節について説明します。

　単語は、音節という音のまとまりごとに区切って発音します。インドネシア語の単語をどのような音節に区切って発音すれば、正しい発音ができるのか観察してみましょう。

　まずは、母音だけで1音節を成すものがあります。例えば、ada（ある、いる、存在する）という単語を音節ごとに分けて書くと、a|daとなります。最初の文字のaは母音で、単独で1つの音節を形成します。
　また、母音が2つ連続する綴りを含む単語の中には二重母音と言われるものがあり、この場合は、母音ごとに1つずつ音節を分けません。例えば、二重母音が語頭にある場合です。aula（講堂）を音節ごとに分けると、au|laと分け、a|u|laのようにaとuを分割しません。saudara（兄弟、姉妹）のように二重母音の前に子音を伴う場合もsau|da|raと3つの音節に分け、sa|u|da|raのように音節を分けません。語尾に二重母音がある場合はどうでしょう。pandai（上手である）は、pan|daiと音節を分け、pan|da|iと分けることはできません。sepoi-sepoi（そよそよ）は、se|poiと分け、se|po|iと分けません。

　次に、子音を含む音節について説明します。子音は、母音のように子音1文字だけで音節を形成しません。初めに、子音と母音で音節を形成する例を見てみましょう。baca（読む）を音節ごとに分けて書くと、ba|caとなり、bは子音、aは母音で、子音＋母音で1音節を形成しています。これはbacaのcaについても同じです。
　次に、子音＋母音＋子音で音節を形成する例です。cantik（美しい、きれいな）は、can|tikのように2つの音節に分けられます。canもtikも、子音＋母音＋子音で音節を形成しています。

(p.37へつづく)

7

Karina: Alif bisa berbicara berapa banyak bahasa?

Alif: Saya bisa 3 bahasa.

Karina: Bahasa apa saja?

Alif: Bahasa Indonesia, bahasa Sunda, dan bahasa Inggris.

Karina: Biasanya, di rumah Alif menggunakan bahasa apa ketika berbicara dengan keluarga?

Alif: Bahasa Sunda.

Karina: Apakah Alif bisa menulis dan membaca aksara Sunda?

Alif: Saya hanya berbicara saja, tetapi tidak bisa menulis dan membaca aksara Sunda.

Karina: Sayang sekali.

Alif: Sebagian besar dari bahasa daerah yang ada di Indonesia tidak memiliki aksara khusus. Akan tetapi, ada beberapa bahasa daerah seperti bahasa Jawa, Sunda, Bali, dan lain-lain yang memiliki aksara khusus.

Karina: Sebaiknya, kita berusaha untuk melestarikan bahasa daerah masing-masing.

Alif: Betul sekali.
Jangan sampai bahasa daerah di Indonesia punah.

（日本語訳）

カリナ：アリフはいくつの言語を話せますか？

アリフ：私は3言語できます。

カリナ：何語？

アリフ：インドネシア語、スンダ語と英語です。

カリナ：普段、アリフは家で家族と話す時、何語を使いますか？

アリフ：スンダ語です。

カリナ：アリフはスンダの文字を読んだり書いたりできますか？

アリフ：私は話すだけで、スンダ文字の読み書きはできません。

カリナ：とても残念です。

アリフ：インドネシアにある多くの地方語は、その言語特有の文字を持ちません。しかし、ジャワ語、スンダ語、バリ語などのように、いくつかの地方語は特有の文字を持っています。

カリナ：私たちはそれぞれの地方語を保護する努力をしたほうがいいですね。

アリフ：その通りです。

インドネシアの地方語が消失しないように。

練習4

下の会話のAndaの部分に、自分の考えを作文して書きましょう。

Alif: Apa Anda bisa berbahasa Indonesia?

Anda:_____

Alif: Sudah berapa lama Anda belajar bahasa Indonesia?

Anda:_____

Alif: Di mana Anda belajar bahasa Indonesia?

Anda:_____

Alif: Mengapa Anda ingin belajar bahasa Indonesia?

Anda:_____

Alif: Menurut Anda, apakah belajar bahasa Indonesia itu sulit?

Anda:_____

読解　◁))- 04

Iklim dan Musim

Iklim adalah kondisi rata-rata cuaca di suatu tempat dalam jangka waktu yang lama. Di Jepang kita dapat menikmati empat musim, yaitu musim semi, musim panas, musim gugur, dan musim dingin. Apakah di Indonesia juga demikian? Jika kita bertanya kepada orang Indonesia tentang musim di Indonesia, umumnya jawaban mereka kurang lebih, "Suhu udara di Indonesia rata-rata tinggi.", "Ada dua musim. Musim kemarau dan musim hujan." dan sebagainya.

Wilayah Indonesia terletak di bawah garis khatulistiwa. Secara keseluruhan, Indonesia adalah negara yang beriklim hutan hujan tropis. Oleh karena itu iklim di Indonesia sepanjang tahun tergolong hangat, cenderung panas dan lembap. Jika kita mengamati lebih teliti, kita akan mengetahui bahwa sebenarnya Indonesia juga mempunyai beberapa jenis iklim. Sebagian besar wilayah Indonesia beriklim hutan hujan tropis. Ciri khas iklim ini adalah taraf curah hujan yang tinggi. Selain iklim hutan hujan tropis, ada pula daerah yang beriklim muson tropis dan sabana tropis.

Pada umumnya musim kemarau di Indonesia terjadi antara

bulan Mei dan bulan Oktober. Pada musim ini, perbedaan suhu udara terendah dan tertinggi cukup besar dan curah hujan pun kurang. Oleh sebab itu, pada musim kemarau orang merasa nyaman untuk beraktivitas dan merasa cocok untuk berwisata. Setelah musim kemarau berlalu, tibalah musim hujan yang curah hujannya tinggi. Hujan deras sering mengakibatkan banjir atau mengundang banjir kiriman di kota-kota, dan mengakibatkan terjadinya tanah longsor di daerah pedesaan. Meskipun demikian, musim hujan di Indonesia memiliki dampak yang positif di bidang pertanian. Banyak tanaman yang tumbuh subur dan hasil panen pertanian pun berlimpah. Hasil-hasil pertanian seperti sayur-sayuran dan buah-buahan banyak dijumpai di pasar-pasar di Indonesia.

市場で野菜を売る女性。市場では量り売りが
中心で、客は必要な分量を買うことができる。

練習1 単語の意味を調べましょう。

単語	意味	語根	意味
antara			
bahkan			
banjir			
banjir kiriman			
beberapa jenis		berapa	
beraktivitas		aktivitas	
beriklim		iklim	
berlalu		lalu	
berlimpah		limpah	
berwisata		wisata	
bidang			
buah-buahan		buah	
cenderung			
ciri			
ciri khas			
cocok			
cukup			
curah			
dampak			
dan sebagainya			
deras			
dibandingkan		banding	
dijumpai		jumpa	
dingin			

2

単語	意味	語根	意味
garis			
gugur			
hujan			
hutan			
hutan hujan tropis			
iklim			
jangka			
kemarau			
keseluruhan		seluruh	
khas			
khatulistiwa			
kiriman		kirim	
kondisi			
kurang			
lembap			
longsor			
mempunyai		punya	
mengakibatkan		akibat	
mengamati		amat	
mengundang		undang	
merasa		rasa	
meskipun demikian			
musim			
musim dingin			
musim gugur			

単語	意味	語根	意味
musim hujan			
musim kemarau			
musim panas			
musim semi			
muson			
muson tropis			
negara			
nyaman			
oleh karena itu			
oleh sebab itu			
pada dasarnya			
panas			
panen			
pasar			
pedesaan		desa	
pertanian		tani	
positif			
pula			
rata			
rata-rata			
sabana			
sabana tropis			
sayur			
sayur-sayuran		sayur	
sebagian			

単語	意味	語根	意味
sebenarnya		benar	
secara		cara	
selain		lain	
semi			
sepanjang		panjang	
sepanjang tahun			
seperti			
subur			
suhu			
suhu udara			
tanah			
taraf			
teliti			
terdapat		dapat	
terendah		rendah	
tergolong		golong	
terjadi		jadi	
terletak		letak	
tertinggi		tinggi	
tibalah		tiba	
tropis			
tumbuh			
udara			
umumnya		umum	
yaitu			

練習2 読解の読み物を日本語に訳しましょう。

練習3 下の問に答えましょう。 🔊-05

1. Jelaskanlah makna kata dari iklim itu!

2. Di Jepang ada berapa musim?

3. Sebutkanlah nama-nama musim di Jepang!

4. Menurut orang Indonesia, pada umumnya di Indonesia ada berapa musim dan sebutkanlah nama musim tersebut!

5. Apakah wilayah Indonesia terletak di bawah garis khatulistiwa?

6. Sebagian besar wilayah Indonesia beriklim apa?

7. Sebutkanlah ciri khas dari iklim hutan hujan tropis itu!

8. Musim mana yang curah hujannya lebih tinggi, musim hujan ataukah musim kemarau?

9. Hujan deras bisa mengakibatkan bencana apa di kota dan pedesaan?

10. Anda paling menyukai musim apa di daerah di mana Anda berdomisili? Kemudian, apa alasan Anda menyukai musim itu?

Karina: Semalam di daerah rumah saya terdengar suara guntur yang amat keras.

Alif: Di Pasar Baru, semakin malam hujan semakin menderas. Pagi ini terjadi banjir di Jalan Gajah Mada.

Karina: Apakah rumah Alif tidak apa-apa?

Alif: Alhamdulillah, rumah saya tidak apa-apa. Cuma listrik padam.

Karina: Beberapa tahun terakhir ini seluruh dunia mengalami iklim ekstrem.

Alif: Betul. Di Indonesia saja terjadi musim kemarau yang berkepanjangan, kenaikan permukaan air laut, kebakaran hutan, dan lain-lain.

Karina: Kata teman saya di Tokyo, suhu udara musim panas di sana lebih tinggi daripada di Indonesia.

Alif: Oh ya?

Karina: Setiap musim panas, banyak orang menderita dehidrasi bahkan ada juga yang meninggal.

Alif: Ya, memang dampak perubahan iklim menakutkan.

（日本語訳）

カリナ：昨夜、私の自宅の地域で、とても大きな雷鳴が聞こえました。

アリフ：パサール・バルでは、夜遅くなればなるほど雨が激しくなりました。
　　　　今朝、ガジャ・マダ通りは洪水が発生しました。

カリナ：アリフの家はだいじょうぶでしたか？

アリフ：アルハムドゥリラー（おかげさまで）、私の家は大丈夫でした。
　　　　ただ、停電しました。

カリナ：ここ数年、全世界で異常気象を経験しています。

アリフ：本当です。インドネシアでさえ長引く乾季、海面上昇、森林火災など
　　　　が発生しています。

カリナ：東京にいる私の友達は、東京の夏の気温はインドネシアより高いとい
　　　　います。

アリフ：そう？

カリナ：毎夏、多くの人が脱水症状になったり、それどころか亡くなる方もい
　　　　ます。

アリフ：確かに気候変動の影響は怖いですね。

練習4

下の会話のAndaの部分に、自分の考えを作文して書きましょう。

Alif: Ada berapa musim di negara asal Anda?

Anda: _____

Alif: Saya tertarik dengan suasana musim gugur.
Apakah ada acara khusus saat musim gugur di negara asal Anda?

Anda: _____

Alif: Saya belum pernah melihat salju.
Bagaimana rasanya kalau kita memegang salju?
Apakah salju bisa bertahan cukup lama ataukah langsung mencair?

Anda: _____

読解　◁))) - 07

Kuliner

Jika mendengar kata "masakan Indonesia", bagaimana gambaran Anda akan kata itu? Apakah gambaran yang langsung muncul adalah nama menunya, cara memasaknya ataukah ciri-ciri cita rasanya? Sebenarnya, apa yang dimaksudkan dengan masakan Indonesia? Masakan Indonesia adalah semua masakan yang disajikan di seluruh Indonesia. Masakan Indonesia terdiri dari beraneka ragam bahan masakan, rempah, bumbu, dan sebagainya.

Pada umumnya, orang Indonesia menggunakan rempah-rempah untuk memasak masakan Indonesia. Pada zaman dulu, buah pala yang tumbuh di hutan-hutan di daerah Maluku diperdagangkan oleh para pedagang dengan harga setara emas bahkan diperebutkan oleh bangsa asing dari luar Indonesia. Itulah salah satu sebab mengapa kepulauan Maluku disebut sebagai kepulauan rempah dan berabad-abad lamanya Indonesia menjadi sasaran penjajahan dari beberapa negara asing.

Karakteristik masakan Indonesia tidak hanya terletak pada penggunaan banyaknya rempah, tetapi juga terletak pada rasa pedas dan berminyak. Masakan Indonesia menggunakan cabai sebagai salah satu bahannya. Cabai yang ditemukan di Indonesia sangat bervariasi. Misalnya cabai rawit yang pedas sekali, cabai merah, cabai hijau, dan sebagainya. Rasa pedasnya cabai membuat ketagihan sehingga meningkatkan nafsu makan kita. Jika kita memperhatikan cara membuat masakan Indonesia, hampir semua bahan masakan dimasak dengan cara digoreng. Selain itu, masakan Indonesia sering menggunakan santan. Santan dipakai untuk berbagai masakan daging seperti rendang, gulai, opor, dan lain-lain.

Orang Indonesia biasanya makan tiga kali sehari. Di meja makan pasti dihidangkan nasi putih sebagai makanan pokok bagi orang Indonesia. Ada beberapa macam lauk-pauk yang dihidangkan berupa daging, ikan, dan sayur yang akan dikonsumsi.

Indonesia kaya akan masakan yang unik dan enak. Kelezatan kuliner Indonesia tidak diragukan lagi. Beraneka ragam rempah-rempah serta bahan masakan, menghasilkan rasa yang istimewa dan aroma yang kuat pada masakan.

練習1　単語の意味を調べましょう。

単語	意味	語根	意味
aroma			
bagaimana			
bahan			
beberapa		berapa	
berabad-abad		abad	
beraneka		aneka	
berasal		asal	
berminyak		minyak	
bervariasi		variasi	
bumbu			
cabai			
cara			
ciri-ciri		ciri	
dan lain-lain			
digoreng		goreng	
dihidangkan		hidang	
dikonsumsi		konsumsi	
dimaksudkan		maksud	
dimasak		masak	
dipakai		pakai	
diperdagangkan		dagang	
diperebutkan		rebut	
diragukan		ragu	
disajikan		saji	

3

単語	意味	語根	意味
disebut		sebut	
ditemukan		temu	
emas			
enak			
gambaran		gambar	
gulai			
hampir			
hijau			
istimewa			
jika			
karakteristik			
kaya			
kelezatan		lezat	
kepulauan		pulau	
ketagihan		tagih	
kuat			
kuliner			
langsung			
macam			
Maluku			
membuat			
memperhatikan		hati	
menggunakan		guna	
menghasilkan		hasil	
meningkatkan		tingkat	

単語	意味	語根	意味
menjadi		jadi	
menu			
merah			
muncul			
nafsu			
opor			
pala			
para			
pedagang		dagang	
pedas			
penjajahan		jajah	
ragam			
rasa			
rempah			
rendang			
salah satu			
santan			
sasaran		sasar	
sebab			
semua			
serta			
setara		tara	
terdiri		diri	
terhadap		hadap	
unik			

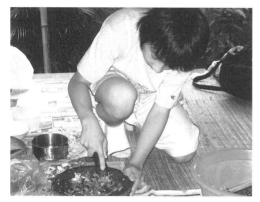

インドネシアの家庭には必ずある
調理道具のウルカン（ulekan）と
チョベ（cobek）。ウルカンに唐
辛子や香辛料を置き、棒状のチョ
ベですり潰す。素材は石、または
木製。

スマトラ島パダン地方のパダン料
理。その店で用意している全ての
メニューを小皿に取り分け、客の
席に全種類セットするのが特徴。

土曜日の夜は Malam Minggu と
言われ、飲食店は家族連れの客で
にぎわう。

練習2 読解の読み物を日本語に訳しましょう。

練習3 下の問に答えましょう。 🔊-08

1. Tulislah gambaran Anda tentang masakan Indonesia!

2. Apakah Anda pernah makan masakan Indonesia?

3. Menurut Anda, apa ciri-ciri utama masakan Indonesia?

4. Pada zaman dulu, siapa yang memperebutkan rempah-rempah di kepulauan Maluku?

5. Sebutkanlah nama rempah yang terdapat di hutan-hutan di daerah Maluku untuk diperdagangkan oleh para pedagang pada zaman dulu!

6. Apa sebabnya kepulauan Maluku disebut sebagai kepulauan rempah?

7. Sebutkanlah beberapa karakteristik masakan Indonesia!

8. Berilah contoh menu yang menggunakan santan!

9. Apa makanan pokok bagi orang Indonesia?

10. Hidangan yang dikonsumsi bersama nasi putih disebut apa?

Karina: Alif paling suka masakan dari daerah mana?

Alif: Saya paling suka masakan Padang.

Karina: Cara menghidangkan masakan di restoran masakan Padang sangat menarik ya.

Alif: Saya rasa masakan Padang sangat cocok bagi wisatawan asing yang belum mengenal masakan Indonesia. Karena semua masakan yang mereka sediakan diantar ke meja tamu dan ditata rapi, tergantung tamu memilih masakan mana yang mau disantap.

Karina: Saya suka babi guling.

Babi guling hanya bisa kita makan di daerah-daerah tertentu.

Alif: Ya, karena mayoritas masyarakat Indonesia menganut agama Islam.

Orang Islam tidak makan daging babi.

Karina: Kita harus hati-hati kalau mau menjamu orang.

（日本語訳）

カリナ：アリフはどの地方料理が一番好きですか？

アリフ：私はパダン料理が一番好きです。

カリナ：パダン料理店の料理の出し方はとても面白いですね。

アリフ：私はパダン料理はインドネシア料理をまだ知らない外国人観光客にとっ
　　　　て、とても合っていると思います。なぜならば、店が用意している全
　　　　ての料理が客のテーブルに運ばれ、綺麗に並べられ、客は食べてみた
　　　　い料理を選ぶだけですから。

カリナ：私はバビ・グリン（豚の丸焼き）が一番好きです。
　　　　バビ・グリンは特定の地域でのみ食べることができます。

アリフ：はい、インドネシアの人々の大多数がイスラム教を信仰していますから。
　　　　イスラム教徒は豚肉を食べません。

カリナ：私たちは人をもてなす時には気をつけなければなりません。

練習4

下の会話のAndaの部分に、自分の考えを作文して書きましょう。

Alif: Menurut Anda, masakan Jepang apa saja yang disukai oleh
     orang Indonesia?

Anda:_____

Alif: Apa masakan favorit orang Jepang?

Anda:_____

Alif: Kira-kira berapa yang dibayar oleh pegawai kantor untuk
     sekali makan siang di rumah makan atau di restoran di
     Jepang?

Anda:_____

Alif: Orang Indonesia jarang membawa bekal ke sekolah atau
     tempat kerja. Apakah orang Jepang juga begitu?

Anda:_____

読解 🔊 - 10

Fauna

Di antara para pelajar bahasa Indonesia, kadang-kadang saya menjumpai orang yang tertarik dengan fauna Indonesia. Kekayaan alam Indonesia memikat hati para pecinta alam dan hewan. Apa arti kata fauna? Menurut Kamus Besar Bahasa Indonesia, kata fauna bermakna keseluruhan kehidupan hewan suatu habitat, daerah, atau strata geologi tertentu.

Sebagaimana telah Anda ketahui bahwa Indonesia adalah negara kepulauan yang sangat luas dengan banyak satwa hidup di wilayahnya. Dari semua satwa yang ada di Indonesia, banyak satwa yang dianggap sebagai satwa endemik Indonesia. Satwa endemik adalah satwa alami yang hidup dan mendiami suatu wilayah atau daerah tertentu. Dengan kata lain, satwa yang tidak dapat ditemukan di luar tempat habitat asalnya. Contoh satwa endemik Indonesia antara lain, Harimau Sumatera dan Badak Sumatera dari pulau Sumatera, Orang utan dan Gajah Kalimantan dari pulau Kalimantan, burung Jalak Bali dari pulau Bali, Komodo dari daerah Nusa Tenggara Timur, Tarsius kerdil dan burung Maleo dari pulau Sulawesi, burung Cenderawasih dari Papua.

Masih banyak satwa endemik Indonesia lain dan di antaranya

terdapat satwa yang terancam punah. Sebab banyak habitat fauna endemik yang rusak akibat ulah manusia, misalnya perburuan dan perdagangan satwa liar atau dampak bencana alam. Meningkatkan kesadaran masyarakat terhadap lingkungan alam dan satwa endemik yang sangat langka harus diupayakan agar kita bisa melestarikan alam nan indah dan kaya itu sebagai rumah bagi satwa-satwa yang hidup di bawah langit yang sama dengan manusia.

スラウェシ島とその周辺に生息するバビルサ。頭に向かって湾曲する4つの牙が特徴。

コモドドラゴンの子ども。インドネシアでは野生のコモドドラゴンを見るツアーもある。

練習1　単語の意味を調べましょう。

単語	意味	語根	意味
agar			
akibat			
alam			
alami			
ancaman		ancam	
asalnya		asal	
badak			
bahwa			
Bali			
bencana			
bermakna		makna	
burung			
Cenderawasih			
contoh			
dianggap		anggap	
diupayakan		upaya	
endemik			
fauna			
gajah			
geologi			
habitat			
harimau			
hati			
hewan			

4

単語	意味	語根	意味
hidup			
indah			
jalak			
kadang-kadang			
Kalimantan			
kehidupan		hidup	
kekayaan		kaya	
kesadaran		sadar	
ketahui		tahu	
Komodo			
langit			
langka			
liar			
lingkungan		lingkung	
Maleo			
manusia			
masih			
melestarikan		lestari	
memikat		pikat	
mendiami		diam	
menghadapi		hadap	
menjumpai		jumpa	
Nusa Tenggara Timur			
Orang utan			
Papua			

単語	意味	語根	意味
pecinta		cinta	
pelajar		ajar	
perburuan		buru	
punah			
rusak			
satwa			
sebagaimana		bagaimana	
strata			
Sulawesi			
Sumatera			
terancam		ancam	
Tarsius kerdil			
tertarik		tarik	
ulah			

4

練習2 読解の読み物を日本語に訳しましょう。

練習3 下の問に答えましょう。 🔊-**11**

1. Apa motivasi Anda untuk belajar bahasa Indonesia?

2. Apa arti kata fauna?

3. Apakah banyak satwa endemik hidup di Indonesia?

4. Jelaskanlah makna dari kata satwa endemik!

5. Sebutkanlah beberapa contoh satwa endemik yang terdapat di Indonesia!

6. Mengapa satwa endemik terancam punah?

7. Sebutkanlah jenis bencana alam yang sering terjadi di hutan-hutan Indonesia!

8. Untuk mengatasi masalah kepunahan satwa endemik, apa yang perlu kita lakukan?

9. Sebutkanlah satwa endemik Jepang!

10. Sebagai aksi ramah lingkungan, menurut Anda aksi apa yang paling mudah dilakukan?

インドネシア語の発音が上手にできるように…（p.7のつづき）

・・

　また、2つの子音が連続して綴られ、それを1つの子音と見なすものもあります。2つの子音が語頭にある場合ですが、例えばnyala（炎）を音節ごとに分けるとnya|laとなり、n|ya|laにはなりません。続いて2つの子音が単語の真ん中にある場合です。tangan（手）やlengan（腕）のような単語です。これらの単語は、ta|ngan、le|nganのように音節を分けます。この音節のパターンによる発音は、日本人のインドネシア語学習者には習得が難しいようです。もしも、日本語の単語をローマ字読みするように音節を分けると、tan|gan、len|ganと分けて発音してしまうからです。最後に2つの子音が語尾にある場合です。ngの綴りはその典型的なパターンです。kantong（袋、ポケット）のような例です。この単語は、kan|tongと音節が分けられます。ng、ny、sy、khのような2つの子音が連続する綴りは、2文字の子音を一まとまりとし、分割しません。

　日本人にはちょっと不慣れな音節のパターンについて説明します。母音と子音で一音節を形成する例です。biar（〜するように、〜してあげる）は、bi|arの2つの音節に分けられます。2つ目の音節は母音＋子音で音節が形成されています。同じような例で、cair（液状の）も、ca|irの2つの音節に分けられます。それぞれ、bi|a|r、ca|i|rとはなりません。

　さあ、単語の音節の仕組みが理解できたところで、次の単語を正しく音節ごとに分けて発音してみましょう。
a|nak（子供）、i|bu（母）、u|da|ra（空気）、e|nak（美味しい）、o|bat（薬）
na|ma（名前）、pe|rut（お腹）、kon|sum|si（消費）、ba|pak（父）、u|ni|ver|si|tas（大学）
khu|sus（特別な）、nye|nyak（ぐっすり）、ngi|lu（シクシクと痛む）
de|ngan（〜と一緒に、〜で）、a|ngan（考え）、se|nang（嬉しい）
me|ngang|guk（うなずく）、meng|gang|gu（邪魔をする）

　小さなことですが、音節を意識して発音すると、ネイティブスピーカーにとって自然に聞こえるインドネシア語の発音を身につけることができるでしょう。

4

Alif: Saya baru pertama kali melihat Harimau Sumatera di Kebun Binatang Ueno, Tokyo.

Karina: Kita orang Indonesia sendiri jarang melihat satwa endemik Indonesia di negara sendiri ya.

Alif: Katanya Harimau Sumatera adalah salah satu subspesies yang berbadan paling kecil di antara harimau.

Karina: Oh ya. Saya baru tahu.
Berarti harimau jenis lain badannya lebih besar?

Alif: Menurut keterangan yang saya baca, berat badannya kira-kira setengah dari Harimau Amur.

Karina: Dulu saya pernah berwisata ke pusat rehabilitasi Orang utan di Kalimantan.

Alif: Orang utan yang dievakuasi dan dibawa ke pusat rehabilitasi itu kebanyakan akibat perburuan dan perdagangan Orang utan secara ilegal.

Karina: Kita tidak boleh mengutamakan kesenangan manusia, tetapi harus menjaga lingkungan habitat setiap hewan liar.

（日本語訳）

アリフ：私は東京の上野動物園で初めてスマトラトラを見ました。

カリナ：私たちインドネシア人自身は、滅多に自分の国でインドネシア固有動
　　　　物を見ることがないですね。

アリフ：スマトラトラはトラの中で最小の体を持つ亜種の一つだそうです。

カリナ：そうですか。私は初めて知りました。
　　　　ということは、他の種類のトラは、より大きな体をしているというこ
　　　　とですか？

アリフ：私が読んだ解説によると、体重はアムールトラのおよそ半分だそうです。

カリナ：以前、私はカリマンタンのオランウータン・リハビリセンターを観光
　　　　したことがあります。

アリフ：保護されてリハビリセンターに連れてこられるオランウータンは、多
　　　　くは違法狩猟と売買が原因です。

カリナ：私たちは人間の楽しみを優先してはなりませんし、野生動物の生息環
　　　　境を保護するべきです。

4

練習4

下の会話のAndaの部分に、自分の考えを作文して書きましょう。

Alif: Di Jepang kira-kira ada berapa banyak kebun binatang?

Anda:

Alif: Apakah Anda memelihara binatang di rumah?

Anda:

Alif: Saya suka melihat ikan di akuarium.
Di Jepang, akuarium manakah yang Anda rekomendasikan
kepada wisatawan asing?

Anda:

読解 🔊 **- 13**

Flora

Indonesia memiliki lebih dari 17.000 pulau dan di antaranya sekitar 7.000 pulau berpenghuni. Indonesia yang sering disebut pula dengan nama Nusantara, merupakan negara yang kaya akan keanekaragaman dari berbagai unsur. Keanekaragaman flora juga menyumbang unsur keistimewaan dari Nusantara.

Berdasarkan Keputusan Presiden No. 4 tahun 1993, tiga jenis bunga ditetapkan sebagai flora nasional. Ketiga jenis bunga itu adalah bunga melati sebagai puspa bangsa, bunga anggrek bulan sebagai puspa pesona, dan bunga padma raksasa sebagai puspa langka.

Bunga padma raksasa atau bunga *rafflesia arnoldii* diperkenalkan di ensiklopedia flora dan dibahas tentang ciri khasnya. Bunga ini ditemukan oleh Sir Thomas Stamford Raffles dan Dr. Joseph Arnold di Bengkulu, pulau Sumatera. Oleh karena itu, penamaannya diperoleh dari nama mereka berdua yang adalah seorang penjelajah dan seorang doktor.

Secara biologis kehidupan bunga ini cukup menarik. Tumbuhan ini adalah salah satu jenis tumbuhan parasit yang memerlukan tumbuhan inang. Tumbuhan ini hanya memiliki bunga yang berdiameter kurang lebih 1 meter, dan tidak memiliki daun, batang dan akar. Karena ukuran bunga yang raksasa itu, bunga padma raksasa dikenal sebagai bunga terbesar di seluruh dunia. Bunga ini hanya bertahan sekitar seminggu lamanya. Menurut penelitian, persentase pembuahannya sangat kecil karena bunga jantan dan bunga betina jarang bermekaran secara bersamaan. Pembuahannya harus dibantu lalat yang berfungsi sebagai hewan penyerbuk bagi bunga padma raksasa. Saat ini teknik budi daya yang tepat belum ditemukan. Kita perlu menjaga bunga ini agar tidak punah.

ラフレシア

練習1 単語の意味を調べましょう。

単語	意味	語根	意味
akar			
anggrek			
anggrek bulan			
atau			
batang			
Bengkulu			
berdasarkan		dasar	
berdiameter		diameter	
berfungsi		fungsi	
bermekaran		mekar	
berpenghuni		huni	
bersamaan		sama	
bertahan		tahan	
betina			
biologis			
budi			
budi daya			
bulan			
daun			
daya			
dibahas		bahas	
dibantu		bantu	
dikenal		kenal	
diperkenalkan		kenal	

5

単語	意味	語根	意味
diperoleh		oleh	
ditetapkan		tetap	
doktor			
ensiklopedia			
flora			
hanya			
hewan			
inang			
jantan			
jenis			
keanekaragaman		aneka ragam	
keistimewaan		istimewa	
keputusan		putus	
kurang lebih			
lalat			
lama			
lebih			
melati			
memerlukan		perlu	
menarik		tarik	
menjaga		jaga	
menyumbang		sumbang	
merupakan		rupa	
Nusantara			
padma			

単語	意味	語根	意味
parasit			
pembuahan		buah	
penamaan		nama	
penelitian		teliti	
penjelajah		jelajah	
penyerbuk		serbuk	
perlu			
persentase			
pesona			
presiden			
puspa			
rafflesia arnoldii			
raksasa			
tampak			
teknik			
tentu			
terbesar			
ukuran			
unsur			

練習2 読解の読み物を日本語に訳しましょう。

1. Kira-kira berapa jumlah pulau yang dimiliki Indonesia?

2. Kira-kira berapa banyak pulau di Indonesia yang berpenghuni?

3. Indonesia sering disebut dengan nama apa?

4. Berapa jenis bunga yang ditetapkan sebagai bunga nasional Indonesia?

5. Sebutkanlah nama-nama bunga nasional itu!

6. Bunga padma raksasa ditemukan oleh siapa?

7. Di manakah bunga padma raksasa itu ditemukan?

8. Jelaskanlah ciri-ciri bunga padma raksasa itu!

9. Apa fungsi lalat bagi bunga padma raksasa?

10. Apakah teknik budi daya yang tepat untuk bunga padma raksasa telah ditemukan?

知らない単語の意味を辞書で調べるには…

たまに、「先生、この単語、辞書に載ってないんですけど」という学習者がいます。
ここでは、インドネシア語の単語の構造について観察してみましょう。

インドネシア語の単語は、見出し語がわからないと辞書で単語の意味を調べることができません。インドネシア語で見出し語にあたる単語の形をkata dasarといいます。

　例えば、文の中で出会った知らない単語がkata dasarの状態であれば、容易に辞書でその意味を調べることができます。Mereka naik sepeda.（彼ら・彼女らは自転車に乗ります。）という文で、仮に3つの単語の意味がわからなくても辞書で調べる時には、merekaはM、naikはN、sepedaはSの欄で単語を探せば、それぞれ「彼ら・彼女ら」、「乗る」、「自転車」と意味を知ることができます。ここでnaikという単語に注目してみましょう。Mereka menaiki tangga.（彼ら・彼女らは階段を登ります。）という文では、menaikiという単語はそれが語根ではありませんので、単語の元の形、つまり語根がわからなければ辞書で意味を調べることができません。この単語の構造は、接頭辞＋語根＋接尾辞となっており、naikという語根にme-と-iという接辞が付加されています。語根のnaikは「乗る」という意味ですが、接辞を伴ったmenaikiは「登る」という意味に変化しています。また、naikに対してmenaikiは派生語、インドネシア語でいうkata turunanという関係にあります。Pemerintah menaikkan harga bensin.（政府はガソリンの値上げをします。）の文では、menaikkanは語根にme-と-kanがつけられ、意味は「上げる」と変化していますし、Kenaikan harga barang akhir-akhir ini luar biasa.（最近の物価上昇は異常です。）の文では、kenaikanは語根にke-と-anがつけられ、意味は「上昇」と変化しています。

　このようにインドネシア語の単語は、語根とさまざまな接辞を組み合わせて派生語を作ることにより、単語の意味や品詞を変化させる特徴があります。簡単に単語レベルで、語根と接辞を用いた派生語の意味変化の例をあげてみます。

　datang（来る）- mendatang（来る〜）- mendatangkan（招く、もたらす）- mendatangi（〜を訪れる）- berdatangan（続々とやって来る）- kedatangan（到着）- pendatang（外部から来た人）

　ingat（覚えている）- mengingat（覚えている、思い出す、鑑みて）- mengingatkan（注意する、警告する）- memperingati（記念して祝う）- teringat（ふと思い出す、気がつく）peringatan（警告、記念）- ingatan（記憶）- seingat（記憶の限りでは）

　上の単語例で下線が引かれているような主だった接辞の種類を覚えておけば、新しい単語に出会っても辞書さえあれば単語の意味を調べることができるでしょう。

5

Karina: Apakah Alif pernah melihat bunga padma raksasa?

Alif: Ya, dulu saya pernah melihat bunga itu di Kebun Raya Bogor.

Karina: Apakah benar bunga itu besar sekali?

Alif: Ya, bunganya besar sekali.

Karina: Katanya bunga itu memancarkan bau yang tidak sedap.

Alif: Bunga itu memancarkan bau busuk untuk menarik datangnya lalat.

Sama seperti bunga bangkai yang menyebarkan bau busuk yang khas.

Karina: Saya suka bunga melati.

Aromanya harum.

Alif: Bunga melati banyak dipakai dalam upacara pernikahan.

Karina: Wangi yang khas bunga melati identik dengan acara pernikahan.

Bunga melati melambangkan kesucian, keanggunan, dan ketulusan.

（日本語訳）

カリナ：アリフはラフレシアの花を見たことがありますか？

アリフ：はい、前に私はボゴール植物園でその花を見たことがあります。

カリナ：その花はとても大きいというのは本当ですか？

アリフ：はい、その花はとても大きいです。

カリナ：その花は悪臭を放つそうですね。

アリフ：その花はハエを呼び寄せるために悪臭を放ちます。

　　　　ショクダイオオコンニャク（スマトラコンニャク）の花が特有の腐っ

　　　　た臭いを広げるのと同じです。

カリナ：私はジャスミンの花が好きです。

　　　　香りが芳しいです。

アリフ：ジャスミンの花は結婚式に多く使われます。

カリナ：ジャスミン特有のいい香りは、結婚式の代名詞です。

　　　　ジャスミンの花は、純潔、高貴さ、そして誠実さを象徴します。

5

練習4

下の会話のAndaの部分に、自分の考えを作文して書きましょう。

Karina: Menurut Anda bunga apa yang simbolis Jepang?

Anda: _____

Karina: Apakah kita bisa melihat bunga *Sakura* kapan saja di Jepang?

Anda: _____

Karina: Apa saja isi acara *Ohanami* yang dinikmati oleh masyarakat Jepang?

Anda: _____

Karina: Selain menikmati keindahan bunga *Sakura*, apakah masih ada manfaat dari *Sakura*?

Anda: _____

読解 🔊-16

Pahlawan

Jika memperhatikan alamat di Indonesia, kita akan menyadari bahwa ada hal yang berbeda dengan alamat di Jepang. Alamat rumah atau kantor di Indonesia dinyatakan dengan nama jalan dan nomor. Nama-nama jalan di Indonesia sering menggunakan nama orang. Siapakah mereka yang namanya digunakan sebagai nama jalan? Mereka adalah para pahlawan Indonesia. Contohnya, Jalan Jenderal Sudirman, Jalan Haji Agus Salim, Jalan Raden Ajeng Kartini dan sebagainya.

Selain nama jalan, nama bandar udara atau bandara juga dinamai dengan nama para pahlawan. Bandara utama Indonesia adalah Bandara Internasional Soekarno-Hatta di Tangerang, Provinsi Banten. Soekarno merupakan presiden pertama Republik Indonesia dan Hatta yang nama lengkapnya Mohammad Hatta merupakan wakil presiden pertama Republik Indonesia. Terkait dengan sejarah Indonesia, jarak psikologis antara masyarakat Indonesia dan para pahlawan boleh dikatakan dekat. Oleh karena itu, menemukan nama pahlawan di lingkungan hidup sehari-hari di Indonesia tidak terlalu sulit.

Hari Pahlawan dirayakan pada setiap tanggal 10 November di

seluruh Indonesia. Pada Hari Pahlawan masyarakat Indonesia mengenang pengorbanan para pahlawan yang telah berjuang mengorbankan jiwa dan raganya dalam perjuangan kemerdekaan Indonesia. Pada umumnya, di instansi pemerintah, lembaga pendidikan dan di berbagai tempat umum diadakan upacara Hari Pahlawan. Isi acaranya, antara lain, pengibaran bendera Merah Putih diiringi lagu kebangsaan Indonesia Raya yang dinyanyikan oleh seluruh peserta upacara, mengheningkan cipta, pembacaan teks Pancasila, pembukaan Undang-Undang Dasar 1945, pesan-pesan pahlawan dan sebagainya.

Menurut data yang dilansir oleh Kementerian Sosial Republik Indonesia, kini jumlah pahlawan nasional tercatat sebanyak 191 orang. Jumlah tersebut akan berubah sebab masih ada kemungkinan dianugerahkannya gelar pahlawan nasional pada masa-masa mendatang.

練習1 単語の意味を調べましょう。

単語	意味	語根	意味
acara			
Agus Salim			
bandar			
bandara			
Banten			
bendera			
berjuang		juang	
berubah		ubah	
boleh			
data			
diadakan		ada	
dianugerahkan		anugerah	
digunakan		guna	
dikatakan		kata	
dilansir		lansir	
dinamai		nama	
dinyanyikan		nyanyi	
dirayakan		raya	
gelar			
haji			
Hatta			
instansi			
internasional			
isi			

6

単語	意味	語根	意味
jalan			
jarak			
jenderal			
jiwa			
kantor			
kebangsaan		bangsa	
kementerian		menteri	
kemerdekaan		merdeka	
kemungkinan		mungkin	
kini			
lagu			
lembaga			
lengkap			
masa			
mendatang		datang	
menemukan		temu	
mengenang		kenang	
mengorbankan		korban	
menyadari		sadar	
Merah Putih			
Mohammad Hatta			
nomor			
pahlawan			
pemerintah		perintah	
pendidikan		didik	

単語	意味	語根	意味
pengibaran		kibar	
pengorbanan		korban	
perjuangan		juang	
pertama			
pesan			
psikologis			
putih			
Raden Ajeng Kartini			
raga			
Republik			
sebanyak		banyak	
sejarah			
setiap		tiap	
Soekarno			
sosial			
Sudirman			
sulit			
Tangerang			
tanggal			
tempat			
tercatat		catat	
terkait		kait	
terlalu			
umum			
undang-undang dasar			

6

単語	意味	語根	意味
upacara			
utama			
wakil			

バリ島の空港の名前は、この島出身の英雄であるイ・グスティ・グラライの名前が使われている。

スディルマン陸軍大将通りと書かれた道路名のプレート。南スラウェシ州マカッサル市の道路名プレートは、ブギス語の文字も併記されている。

練習2 読解の読み物を日本語に訳しましょう。

練習3 下の問に答えましょう。 🔊-**17**

1. Jelaskanlah cara tulis alamat di Indonesia!

2. Nama siapakah yang digunakan sebagai nama jalan di Indonesia?

3. Apakah nama bandara di Indonesia juga digunakan nama pahlawan?

4. Bandara Internasional Soekarno-Hatta terletak di mana?

5. Kapan Hari Pahlawan dirayakan di Indonesia?

6. Pada Hari Pahlawan, upacara diadakan di mana saja?

7. Apa saja isi acara yang dilaksanakan dalam upacara Hari Pahlawan?

8. Dalam upacara Hari Pahlawan, siapa yang menyanyikan lagu kebangsaan Indonesia?

9. Sebutkanlah judul lagu kebangsaan Indonesia!

10. Saat ini berapa jumlah pahlawan nasional yang tercatat?

6

会話 🔊 - 18

Alif: Kemarin saya mengikuti upacara Hari Pahlawan di kantor.

Karina: Pada Hari Pahlawan tahun 2021, ada empat tokoh yang mendapat gelar pahlawan nasional dari presiden.

Alif: Bagi Karina pesan pahlawan siapa yang paling berkesan?

Karina: Tentu pesan Bung Karno.

"Bangsa yang besar adalah bangsa yang menghormati jasa pahlawannya."

Alif: Pesan itu sangat mengesankan.

Karina: Kita harus mengingat jasa-jasa para pahlawan dan tidak boleh menyia-nyiakan pengorbanan mereka.

Alif: Kita tetap berjuang demi masa depan bangsa Indonesia yang makmur.

（日本語訳）

アリフ：昨日、私はオフィスで英雄の日の式典に参加しました。

カリナ：2021年の英雄の日に、4人の人物が大統領から英雄の称号を受けました。

アリフ：カリナにとって、最も深い印象を受ける英雄のメッセージはどれですか？

カリナ：もちろんブン・カルノです。

「偉大な民族は、英雄の功績を尊敬する民族である。」

アリフ：そのメッセージはとても印象的です。

カリナ：私たちは英雄たちの功績を顧み、彼らの犠牲を無駄にしてはなりません。

アリフ：私たちは繁栄するインドネシア民族の将来のために懸命に努力し続け
ます。

6

練習4

下の会話のAndaの部分に、自分の考えを作文して書きましょう。

Alif: Apakah di Jepang ada Hari Pahlawan seperti di Indonesia?

Anda:_____

Alif: Siapakah tokoh Indonesia yang terkenal di Jepang?

Anda:_____

Alif: Apakah Anda tahu kapan Indonesia memproklamasikan
      kemerdekaan?

Anda:_____

Alif: Apakah Anda bisa menyanyi lagu kebangsaan Indonesia?

Anda:_____

読解　◁))-19

Agama dan Kepercayaan

Indonesia merupakan negara majemuk yang terdiri dari beragam suku, adat, ras, budaya, dan agama. Hasil Sensus Penduduk pada tahun 2020, mencatat jumlah penduduk Indonesia kurang lebih 270 juta jiwa. Jumlah penduduk Indonesia masih berkembang dari tahun ke tahun.

Negara Indonesia menjamin hak untuk beribadah menurut agama dan kepercayaan masing-masing setiap warga negaranya. Negara Indonesia secara resmi mengakui enam agama, yakni Islam, Protestan, Katolik, Hindu, Buddha, dan Konghucu.

Mayoritas penduduk Indonesia memeluk agama Islam. Sekitar 88 % dari seluruh penduduk Indonesia adalah penganut agama Islam. Nama tempat ibadah bagi umat Islam adalah masjid. Setiap hari Jumat umat Islam yang pria beribadah di masjid. Di Jakarta terdapat masjid terbesar di Asia Tenggara yang bernama Masjid Istiqlal. Masjid ini mampu menampung lebih dari 200.000 jemaah dan merupakan salah satu dari 10 masjid terbesar di dunia.

Setelah agama Islam, jumlah penganut berikutnya adalah agama Kristen Protestan dan Katolik. Umat Kristen Protestan sekitar 7 % dan umat Katolik sekitar 3 %. Mereka beribadah di gereja pada hari Minggu. Jumlah penganut agama yang keempat adalah penganut agama Hindu. Persentase umat Hindu di Indonesia sekitar 1,7 %. Pulau Bali yang sering disebut sebagai Pulau Dewata memiliki umat Hindu terbanyak di seluruh Indonesia. Umat Hindu beribadah di pura. Keluarga umat Hindu memiliki pura keluarga di setiap rumah. Ketika bersembahyang, umat Hindu mempersembahkan canang sebagai sesajen. Salah satu tugas religius untuk kaum wanita umat Hindu adalah membuat sesajen. Penganut agama Buddha dan penganut Konghucu jumlahnya masing-masing sekitar 0,7 % dan 0,05 %. Umat Buddha beribadah di wihara sedangkan umat Khonghucu beribadah di klenteng.

Di Jawa Tengah terdapat sebuah candi yang terkenal yaitu Candi Borobudur. Candi ini merupakan candi Buddha terbesar di dunia. Pada hari raya Waisak, penganut agama Buddha dari berbagai negara dan kota berkumpul di Candi Borobudur untuk merayakan hari raya Waisak. Candi ini telah terdaftar sebagai situs warisan dunia oleh UNESCO pada tahun 1991. Selain penganut agama Buddha, para wisatawan baik domestik maupun mancanegara juga mengunjungi tempat ini.

練習1 単語の意味を調べましょう。

単語	意味	語根	意味
adat			
agama			
agama Buddha			
agama Kongfucu			
baik~maupun…			
beragam		ragam	
beribadah		ibadah	
berkembang		kembang	
berkumpul		kumpul	
bernama		nama	
bersembahyang		sembahyang	
Borobudur			
budaya			
Buddha			
canang			
candi			
dewata			
domestik			
dunia			
gereja			
hari raya			
Hindu			
ibadah			
Islam			

7

単語	意味	語根	意味
Istiqlal			
jemaah			
juta			
Katolik			
kaum			
keempat		empat	
kepercayaan		percaya	
ketika			
klenteng			
Konghucu			
majemuk			
mampu			
mancanegara			
masjid			
mayoritas			
memeluk		peluk	
mempersembahkan		sembah	
menampung		tampung	
mencatat		catat	
mengakui		aku	
mengunjungi		kunjung	
menjamin		jamin	
merayakan		raya	
penduduk		duduk	
penganut		anut	

単語	意味	語根	意味
Protestan			
pura			
ras			
raya			
resmi			
sekitar			
sensus			
sesajen		sajen	
situs			
suku			
terbanyak		banyak	
terdaftar		daftar	
tugas			
umat			
Waisak			
wanita			
warisan		waris	
wihara			
wisatawan		wisata	

練習2　読解の読み物を日本語に訳しましょう。

練習3　下の問に答えましょう。　🔊 - **20**

1. Mengapa Indonesia disebut negara majemuk?

2. Menurut hasil Sensus Penduduk pada tahun 2020, berapa jumlah penduduk Indonesia?

3. Apakah jumlah penduduk Indonesia berkurang jika dibandingkan dengan tahun sebelumnya?

4. Sebutkanlah agama-agama yang diakui oleh negara Indonesia!

5. Di antara agama yang diakui oleh negara Indonesia, agama apa yang jumlah umatnya terbesar?

6. Pada hari Jumat umat Islam yang pria beribadah di mana?

7. Masjid Istiqlal terletak di mana?

8. Sebutkanlah nama tempat beribadah bagi umat Kristen Protestan dan Katolik!

9. Apa tugas kaum wanita umat Hindu?

10. Pada hari raya Waisak, di manakah para penganut agama Buddha berkumpul?

インドネシア語は繰り返しの言葉が多い?

・・・

　インドネシア語に対する印象を、「繰り返す言葉が多い」「かわいい音の繰り返しの言葉が好き」という学習者がいます。確かにインドネシア語にはいろいろな用法の畳語があります。ここでは、主だった畳語について紹介したいと思います。

　学習者が最初に出会う畳語は名詞の繰り返しです。一般に名詞を2回繰り返せば、

数量を限定しない複数を表します。orang-orang（人→人々）、anak-anak（子供→子供たち）などがその例です。ただし、名詞の複数形でも複数を表すbeberapa、paraなどの限定詞を用いる場合は、畳語は用いません。beberapa orang（数人の人）、para menteri（大臣たち）となり、beberapa orang-orang、para menteri-menteriとはなりません。

　同じ名詞でも複数を表さず、その名詞に類似したものを表す名詞を作るものもあります。例えば、langit-langit（空、天→天井）、kuda-kuda（馬→高所で作業するための台、脚立）などがあります。

　次に形容詞の畳語についてお話ししましょう。形容詞の強調表現には、amat、sangatなどを使いますが、形容詞を2度繰り返し畳語にして、強調のニュアンスを表すこともできます。mahal-mahal（高い→非常に高い）、rapat-rapat（密接して→ぴったり、しっかり）などがその例です。Harga barang di mal ini mahal-mahal.（このモールの商品の値段は非常に高い。）、Satpam menutup pintu rapat-rapat.（警備員はドアをしっかり閉める）のように使うことができます。

　ところで数詞も繰り返して使うことができます。その場合、「各々」、「〜ずつ」の意味を表す副詞として用いられます。dua-dua（2→2つずつ）、Dia memasukkan kue dua-dua ke dalam kotak.（彼女は箱の中にお菓子を2つずつ入れる。）のように使います。

　続いて、動詞の畳語について見てみましょう。主だった動詞の畳語を挙げてみます。まず、動作の繰り返しを表す例です。この場合、畳語は「何度も」動作を行うことを表します。畳語の意味は、「しきりに〜する」となり、mencari-cari（探す→しきりに探す）、menyeka-nyeka（拭く→しきりに拭く）のように、動詞1つだけの場合と畳語にした場合、動作を行う回数に違いがあります。日常会話でよく耳にするmakan-makan、duduk-dudukのような動詞の畳語は、明確な目的を持たずに行為や動作を継続して行う、繰り返して行う意味を表します。また、動作の擬態的な表現になるものもあります。berdebar-debar（鼓動を打つ→ドキドキする）、berbaring-baring（横たわる→ごろごろする）のような意味変化が起こります。

　畳語の中には、最初の単語と2つ目の単語の一部分が違うものもあります。①子音が変わるもの、②母音が変わるもの、そして、③挿入辞を使うものがあります。①は、lauk-pauk（おかず類）、sayur-mayur（野菜類）、②は、mondar-mandir（行ったり来たりする）、gerak-gerik（挙動）、③は、turun-temurun（代々）、gilap-gemilap（キラキラ輝く）などの例があります。このような変化があるものは、数はそう多くありません。

7

会話 ◁))) - 21

Alif: Apa agamamu Karina?

Karina: Agama saya Katolik.

Alif: Apa orang Katolik juga berpuasa pada masa-masa tertentu?

Karina: Pada umumnya tidak.

Orang Islam pada bulan Ramadan berpuasa ya.

Alif: Kurang lebih satu bulan umat Islam berpuasa.

Karina: Orang Islam menggunakan kalender khusus untuk menentukan hari-hari penting dan hari raya agama Islam?

Alif: Ya, semua kehidupan religius Islam ditentukan oleh kalender Hijriah.

Dalam kalender Hijriah ini jumlah harinya 354 hari.

Karina: Oleh karena itu, setiap tahun hari raya Idul Fitri berbeda ya.

（日本語訳）

アリフ：カリナの宗教は何ですか？

カリナ：私の宗教はカトリックです。

アリフ：カトリックの人も特定の時期に断食をしますか？

カリナ：一般的にはしません。

　　　　イスラム教徒はラマダンに断食をしますね。

アリフ：約1か月間、イスラム教徒は断食をします。

カリナ：イスラム教徒はイスラム教の重要な日や祭日を定めるために、特別の
　　　　暦を用いますか？

アリフ：はい、イスラム教全ての信仰生活は、ヒジュラ暦によって定められます。
　　　　このヒジュラ暦は、日数の合計が354日です。

カリナ：それで、毎年イドゥル・フィットゥリの祭日が違うのですね。

7

練習4

下の会話のAndaの部分に、自分の考えを作文して書きましょう。

Alif: Mayoritas orang Jepang beragama apa?

Anda:_____

Alif: Apakah di Jepang juga ada masjid?

Anda:_____

Alif: Setiap awal tahun apakah Anda pergi ke kuil untuk
    bersembahyang?

Anda:_____

Alif: Ceritakanlah tentang perayaan *Shichigosan*!

Anda:_____

読解 🔊-22

Garuda Pancasila

Jika kita berada di Indonesia, maka kita dapat melihat lambang negara Indonesia. Lambang negara Indonesia adalah Garuda Pancasila dengan semboyan Bhinneka Tunggal Ika. Negara Indonesia memiliki suatu ideologi penting yang disebut Pancasila. Kata Pancasila terdiri dari dua kata yang berasal dari bahasa Sanskerta. "Panca" bermakna lima dan "sila" bermakna dasar.

Pada akhir masa pendudukan Jepang, Jepang membentuk Badan Penyelidik Usaha Persiapan Kemerdekaan Indonesia （BPUPKI）atau dalam bahasa Jepang *Dokuritsu Zyunbi Tyosakai*. Pada tanggal 1 Juni 1945 yaitu hari terakhir sidang BPUPKI, Soekarno mengusulkan konsep dasar negara yaitu Pancasila.

Pancasila merupakan dasar negara Indonesia yang terdiri dari lima sila. Lima sila Pancasila tercantum dalam pembukaan Undang-Undang Dasar 1945. Isinya adalah sebagai berikut;

Sila pertama: "Ketuhanan yang Maha Esa"
Sila kedua: "Kemanusiaan yang adil dan beradab"
Sila ketiga: "Persatuan Indonesia"
Sila keempat: "Kerakyatan yang dipimpin oleh hikmat

kebijaksanaan dalam permusyawaratan perwakilan"

Sila kelima: "Keadilan sosial bagi seluruh rakyat Indonesia"

Desain lambang negara Indonesia mengandung arti yang dalam. Di bagian tengah Burung Garuda terdapat perisai dan di bagian bawahnya terdapat pita yang dicengkeram oleh Burung Garuda yang bertuliskan "Bhinneka Tunggal Ika" yang berarti 'Berbeda-beda tetapi tetap satu jua'.

Pada perisai itu terdapat simbol dari lima sila Pancasila. Gambar bintang tunggal berwarna kuning adalah simbol dari sila pertama, gambar rantai emas melambangkan sila kedua, gambar pohon beringin melambangkan sila ketiga, gambar kepala banteng melambangkan sila keempat, dan gambar padi dan kapas melambangkan sila kelima. Jumlah bulu pada ekor, sayap, dan leher Burung Garuda berkaitan erat dengan peristiwa proklamasi kemerdekaan Indonesia. Bulu ekornya berjumlah delapan helai. Masing-masing sayap dari Burung Garuda Pancasila memiliki jumlah bulu yang sama, yaitu tujuh belas helai. Jumlah bulu pada pangkal ekor yang terletak di bawah perisai berjumlah sembilan belas helai dan bulu pada lehernya berjumlah empat puluh lima helai. Angka dari semua bulu tersebut menunjukkan tanggal Proklamasi Kemerdekaan Indonesia, yaitu tanggal 17 Agustus 1945.

練習1　単語の意味を調べましょう。

単語	意味	語根	意味
adil			
akhir			
arti			
badan			
bagian			
banteng			
bawah			
berada		ada	
beradab		adab	
berikut		ikut	
beringin			
berjumlah		jumlah	
berkaitan		kait	
bertuliskan		tulis	
Bhinneka Tunggal Ika			
bintang			
bulu			
dalam			
dasar			
desain			
dicengkeram		cengkeram	
dipimpin		pimpin	
ekor			
erat			

8

単語	意味	語根	意味
esa			
gambar			
garuda			
helai			
hikmat			
ideologi			
Jepang			
kapas			
keadilan		adil	
kebijaksanaan		bijaksana	
kedua		dua	
kelima		lima	
kemanusiaan		manusia	
kepala			
kerakyatan		rakyat	
ketuhanan		Tuhan	
konsep			
kuning			
lambang			
leher			
maha			
maha esa			
membentuk		bentuk	
mengandung		kandung	
mengusulkan		usul	

単語	意味	語根	意味
menunjukkan		tunjuk	
padi			
pancasila			
pangkal			
pembukaan		buka	
pendudukan		duduk	
penyelidik		selidik	
perisai			
peristiwa			
permusyawaratan		musyawarat	
persatuan		satu	
persiapan		siap	
perwakilan		wakil	
pita			
proklamasi			
rakyat			
rantai			
sayap			
semboyan			
sila			
simbol			
tercantum		cantum	
tetap			
tunggal			
usaha			

8

ガルーダ・パンチャシラ。インドネシアでは
オフィス、学校、商店などの公共の場では
この国章の掲示が義務付けられている。

練習2 読解の読み物を日本語に訳しましょう。

練習3 下の問に答えましょう。 🔊-23

1. Apakah Anda pernah melihat lambang negara Indonesia?

2. Apa nama lambang negara Indonesia?

3. Apa arti kata "panca" dan "sila"?

4. Apa arti semboyan "Bhinneka Tunggal Ika"?

5. Apa yang dilambangkan pada perisai dari Burung Garuda Pancasila?

6. Berapa jumlah bulu ekor Burung Garuda Pancasila?

7. Berapa jumlah bulu pada masing-masing sayap Burung Garuda Pancasila?

8. Berapa jumlah bulu pada pangkal ekor Burung Garuda Pancasila?

9. Berapa jumlah bulu pada leher Burung Garuda Pancasila?

10. Angka dari semua bulu Burung Garuda Pancasila itu menunjukkan apa?

8

Alif: Bagi orang Indonesia burung Garuda itu sangat akrab.

Karina: Banyak yang menggunakan nama burung Garuda.

"Garuda Indonesia" dari maskapai penerbangan Indonesia,

"Satelit Garuda" dari satelit komunikasi milik Indonesia,

"Garuda Wisnu Kencana" sebagai objek wisata di Bali.

Alif: Di mana kita bisa melihat burung Garuda yang hidup?

Karina: Tidak bisa dong!

Karena burung Garuda itu merupakan mitos.

Jadi, tidak ada di dunia nyata. Tapi kata orang, bentuk

burung Garuda mirip dengan elang Jawa.

Alif: Saya menjadi penasaran...

Karina: Lambang negara Thailand juga Garuda.

Tetapi desainnya berbeda dengan gambar atau ukiran yang

ada di Indonesia.

（日本語訳）

アリフ：インドネシア人にとって、ガルーダの鳥はとてもなじみがあります。

カリナ：多くの事にガルーダの名前を使っています。

　　　　航空会社の「ガルーダ・インドネシア」、インドネシア所有の通信衛星の「衛星ガルーダ」、バリの観光地の「ガルーダ・ウィスヌ・クンチャナ」。

アリフ：どこで私たちは生きているガルーダという鳥を見られますか？

カリナ：見られませんよ。

　　　　ガルーダの鳥は神話ですから。

　　　　だから、現実の世界にはいないのです。でも、ガルーダの鳥の姿はジャワクマタカに似ていると言います。

アリフ：私は興味が湧いてきました。

カリナ：タイ国のシンボルもガルーダです。

　　　　でも、デザインがインドネシアにある絵や彫刻とは異なります。

8

練習4

下の会話のAndaの部分に、自分の考えを作文して書きましょう。

Alif: Menurut Anda burung apa yang simbolis Jepang?

Anda:_____

Alif: Ceritakanlah tentang lambang daerah di mana Anda tinggal!

Anda:_____

Alif: Apa nama makhluk mitologis yang terkenal di Jepang?

Anda:_____

Alif: Cerita dongeng Jepang apa yang Anda sukai?

Anda:_____

**Pelajaran
9**

読解　◁))-25

Hari Libur Nasional

Setiap pertengahan tahun, pemerintah Indonesia akan
mengumumkan tanggal Hari libur nasional untuk tahun berikut.
Hari libur nasional ditetapkan oleh tiga orang menteri yaitu,
Menteri Agama, Menteri Ketenagakerjaan, Menteri Pendayagunaan
Aparatur Negara dan Reformasi Birokrasi. Kesepakatan dari
menteri-menteri tersebut akan disampaikan melalui Surat
Keputusan Bersama（SKB）. Selain hari libur nasional, ada hari
libur umum yang disebut cuti bersama. Cuti bersama pada
umumnya jatuh pada hari raya keagamaan, seperti Hari Raya Idul
Fitri atau Hari Natal. Tujuan cuti bersama ini merupakan kebijakan
pemerintah Indonesia sebagai sarana untuk merangsang pariwisata
domestik dan meningkatkan efisiensi pegawai negeri.

Hari libur nasional Indonesia kebanyakan berkaitan dengan
agama. Tanggal untuk Tahun Baru Masehi, Hari Buruh
Internasional, Hari Lahir Pancasila, Hari Kemerdekaan Republik
Indonesia, dan Hari Raya Natal tetap sama setiap tahun. Tanggal
Tahun Baru Imlek, Isra Mikraj Nabi Muhammad SAW, Hari Suci
Nyepi, Wafat Isa Almasih, Hari Raya Waisak, Kenaikan Isa Almasih,
Hari Raya Idul Fitri, Hari Raya Idul Adha, Tahun Baru Islam,

Maulid Nabi Muhammad SAW akan berpindah-pindah setiap tahun karena mengikuti kalender Islam, Gregorian, Bali, Buddha dan Tionghoa.

Di antara semua hari libur nasional, perayaan yang paling ramai adalah Hari Raya Idul Fitri. Sebelum Hari Raya Idul Fitri gelombang mudik akan terlihat di mana-mana terutama di stasiun kereta api dan bandara. Pada hari raya tersebut, kebiasaan orang Indonesia khususnya orang Islam bersilaturahmi ke kampung asalnya. Selama liburan Hari Raya Idul Fitri, suasana di kota-kota besar yang biasanya ramai dan selalu macet menjadi tenang bahkan sepi karena penduduknya bepergian ke berbagai daerah.

Liburan akhir tahun dan tahun baru di Indonesia tidak seperti di Jepang. Masyarakat Indonesia tidak memberi nilai khusus, sehingga tidak ada acara khusus untuk menyambut tahun baru Masehi. Biasanya, kantor dan sekolah mulai masuk dari tanggal 2 Januari.

練習1 単語の意味を調べましょう。

単語	意味	語根	意味
aparatur			
bepergian		pergi	
bersama		sama	
bersilaturahmi		silaturahmi	
biasanya		biasa	
birokrasi			
buruh			
cuti			
disampaikan		sampai	
efisiensi			
gelombang			
Gregorian			
Idul Fitri			
Imlek			
keagamaan		agama	
kebanyakan		banyak	
kenaikan		naik	
ketenagakerjaan		tenaga kerja	
khususnya		khusus	
libur			
macet			
Masehi			
melalui		lalu	
mengikuti		ikut	

9

単語	意味	語根	意味
mengumumkan		umum	
menteri			
Menteri Pendayagunaan Aparatur Negara dan Reformasi Birokrasi			
menyambut		sambut	
merangsang		rangsang	
mudik			
Natal			
nilai			
pariwisata			
pendayagunaan		daya guna	
perayaan		raya	
pertengahan		tengah	
ramai			
reformasi			
sepi			
SAW			
SKB			
suci			
tenang			
terlihat		lihat	
terutama		utama	
tujuan		tuju	
wafat			
Tahun Baru Masehi			

単語	意味	語根	意味
Tahun Baru Imlek			
Isra Mikraj Nabi Muhammad SAW			
Hari Suci Nyepi			
Wafat Isa Almasih			
Hari Buruh Internasional			
Hari Raya Idul Fitri			
Hari Raya Waisak			
Kenaikan Isa Almasih			
Hari Lahir Pancasila			
Hari Raya Idul Adha			
Tahun Baru Islam			
Hari Kemerdekaan Republik Indonesia			
Maulid Nabi Muhammad SAW			
Hari Raya Natal			

練習2 読解の読み物を日本語に訳しましょう。

練習3 下の問に答えましょう。 🔊 -**26**

1. Apa yang diumumkan pemerintah Indonesia pada setiap pertengahan tahun?

2. Siapa sajakah yang menetapkan hari libur nasional?

3. Dengan cara apa hari libur nasional disampaikan kepada masyarakat?

9

4. Apa tujuan cuti bersama?

5. Apakah tanggal untuk semua hari libur nasional Indonesia tetap sama setiap tahun?

6. Sebagian besar hari libur nasional Indonesia berkaitan dengan apa?

7. Perayaan hari libur nasional apa yang paling ramai?

8. Apa sebabnya pada hari libur nasional di atas, suasana kota-kota besar menjadi tenang dan sepi?

9. Jelaskanlah tujuan mudik selama Hari Raya Idul Fitri!

10. Di Indonesia, apakah ada acara-acara khusus ketika merayakan Tahun Baru Masehi?

ニャ〜とはどんなもの?

. . . .

　インドネシア語を知らない人がインドネシア人が話すのを聞いていて、ニャ〜という音が耳につくという人が結構います。ここでは -nya について簡単に紹介しましょう。

　学習し始めの頃に習う -nya は、人称代名詞の3人称 dia の所有格の形でしょう。Dia bekerja di perusahaan Jepang.（彼は日本企業で働いている。）の文中の dia は、3人称単数主格の形です。Kantornya di Jl. Sudirman.（彼のオフィスはスディルマン通りにある。）の Kantornya の -nya は dia の所有格の形です。

　次は副詞を作る -nya です。形容詞＋-nya で副詞を作ることができます。sayangnya（sayang：残念な→sayangnya：残念なことに）、anehnya（aneh：妙な、不思議な→anehnya：奇妙なことに）などがその例です。Sayangnya orang tua saya tidak bisa menghadiri upacara wisuda besok.（残念なことに、私の両親は明日の（大学の）卒業式に出席できない。）、Anehnya tiba-tiba atasan saya mengubah pikiran.（奇妙なことに、私の上司は突然考えを変えた。）のように使います。

　名詞に -nya をつける用法もあります。artinya（arti：意味→artinya：すなわち、つまり）、dasarnya（dasar：基礎、基本→（pada）dasarnya：基本的（に））などがその例です。Mereka sudah menandatangani surat itu, artinya mereka harus menjalani tugas sesuai dengan isi surat itu.（彼らはもうその書類に署名した、つまり、その書類の内容にそって業務を行わなければならないのだ。）、Pada dasarnya saya menyetujui pendapat Anda.（基本的に、私はあなたの意見に賛成する。）のように使います。

　形容詞に -nya をつける用法では、-nya は形容詞を名詞にする機能を持ちます。lebarnya（lebar：広い→lebarnya：広さ）、cantiknya（cantik：美しい→cantiknya：美しさ、美容）のように形容詞が名詞化します。Lebarnya jalan ini lebih lebar daripada jalan di desa itu.（この道の広さは、あの村の道よりも広い。）、Cantiknya putri ini nomor satu di seluruh dunia.（この娘の美しさは世界一だ。）のように使います。

　-nya は、動詞や副詞に付いて動名詞を作る機能も持っています。動詞は形を変えずに語尾に -nya をつけて用います。terjadinya（terjadi：発生する→terjadinya：発生）、adanya（ada：ある→adanya：あること）などがその例です。Masyarakat daerah itu sangat bersedih terjadinya bencana alam.（その地域の市民は自然災害の発生にとても悲しんでいる。）のように使います。

　なお、-nya だけではなく se- と共起して用いられるものもあります。比較や程度の表現に用いられるケースです。sebelumnya（belum：まだ～ない→sebelumnya：～する前）、selanjutnya（lanjut：進んだ→selanjutnya：さらに、今後は）、sebenarnya（benar：本当の→sebenarnya：本当は、実は）、sepenuhnya（penuh：満ちた→sepenuhnya：完全に）などがその例です。Kondisi kesehatan pasien ini lebih baik daripada sebelumnya diobati.（この患者の健康状態は、治療を受ける前よりもよくなった。）、Sebenarnya saya mau membeli mobil Jepang, tetapi uang saya tidak cukup.（本当は私は日本車を買いたいのだが、お金が足りない。）のように使います。

　簡単だと言われるインドネシア語ですが、こうして見るとなかなか奥が深く、一筋縄ではいかないように思います。

9

会話 🔊-27

Karina: Apa acara Alif selama liburan Lebaran nanti?

Alif: Saya mudik.

Karina: Orang tua Alif tinggal di mana?

Alif: Orang tua dan saudara kandung saya tinggal di Cianjur dan sekitarnya.

Karina: Dengan apakah Alif pulang ke kampung?

Alif: Dengan kereta api.

Jarak antara Jakarta-Cianjur sekitar 110 km.

Dengan kereta api, kurang lebih satu jam sudah tiba di sana.

Karina: Apakah ada bus jurusan Cianjur?

Alif: Ada, tetapi memerlukan waktu yang lebih lama daripada dengan kereta api.

（日本語訳）

カリナ：アリフの今度のルバラン休暇（イスラム教の断食明けの休暇）の予定
　　　　は何ですか？

アリフ：私は帰省します。

カリナ：アリフのご両親はどこに住んでいますか？

アリフ：私の両親と兄弟はチアンジュールとその周辺に住んでいます。

カリナ：何でアリフは田舎に帰りますか？

アリフ：列車で。

　　　　ジャカルタ―チアンジュール間の距離は、およそ110キロです。

　　　　列車で、だいたい1時間で向こうに着きます。

カリナ：チアンジュール行きのバスはありますか？

アリフ：ありますが、列車よりも長い時間がかかります。

9

練習4

下の会話のAndaの部分に、自分の考えを作文して書きましょう。

Karina: Ketupat Lebaran adalah salah satu makanan simbolik dari Hari Raya Idul Fitri. Apa makanan simbolik untuk tahun baru di Jepang?

Anda:＿＿＿＿＿＿＿＿＿＿＿＿＿＿＿＿＿＿＿＿＿＿＿＿

Karina: Pada umumnya kapan orang Jepang mudik?

Anda:＿＿＿＿＿＿＿＿＿＿＿＿＿＿＿＿＿＿＿＿＿＿＿＿

Karina: Saya pernah mendengar bahwa di Jepang setiap tahun ada libur panjang pada akhir bulan April sampai dengan awal bulan Mei. Apa sebutan liburan panjang itu?

Anda:＿＿＿＿＿＿＿＿＿＿＿＿＿＿＿＿＿＿＿＿＿＿＿＿

Karina: Apa saja acara yang dinikmati orang Jepang selama liburan akhir tahun dan tahun baru?

Anda:＿＿＿＿＿＿＿＿＿＿＿＿＿＿＿＿＿＿＿＿＿＿＿＿

Karina: Apakah hari raya Jepang juga terdapat hari raya yang terkait dengan agama tertentu?

Anda:＿＿＿＿＿＿＿＿＿＿＿＿＿＿＿＿＿＿＿＿＿＿＿＿

Pendidikan

Mengikuti aktivitas di sekolah bersama kawan-kawan adalah impian semua anak kecil. Jaminan mengenyam pendidikan merupakan suatu bentuk tanggung jawab negara terhadap rakyatnya. Pendidikan formal terdiri dari pendidikan dasar, pendidikan menengah, dan pendidikan tinggi.

Di Indonesia semua rakyat berhak mengikuti program wajib belajar selama sembilan tahun. Program wajib belajar dilaksanakan di Sekolah Dasar (SD) selama enam tahun dan di Sekolah Menengah Pertama (SMP) selama tiga tahun. Pendidikan dasar berbentuk SD dan bentuk lain yang sederajat.

Anak-anak yang berusia tujuh tahun diprioritaskan masuk ke SD, namun kadang-kadang walaupun usianya di bawah tujuh tahun dapat diterima sebagai peserta didik di SD. Orang tua boleh menyekolahkan anaknya di sekolah negeri atau pun di sekolah swasta. Pendidikan anak usia dini biasa disebut PAUD. Sebagian anak-anak belajar di Taman Kanak-Kanak (TK) atau *playgroup* sebelum masuk SD. Namun, program tersebut tidak wajib.

Setelah menyelesaikan tahap pendidikan dasar, rakyat dapat melanjutkan belajar di jenjang pendidikan di Sekolah Menengah

Atas (SMA) atau Sekolah Menengah Kejuruan (SMK) selama tiga tahun. Masa pendidikan ini disebut pendidikan menengah. Setelah menyelesaikan program pendidikan menengah, lulusannya boleh melanjutkan kuliah dan boleh juga terjun ke masyarakat sebagai tenaga kerja dan lain-lain.

Sebagian lulusan pendidikan menengah dapat melanjutkan pendidikan di jenjang pendidikan yang lebih tinggi. Jenis program pendidikan yang dimaksud adalah program diploma, strata 1, strata 2 dan strata 3.

Di Indonesia tahun ajaran baru dimulai pada bulan Juli. Semester ganjil dimulai dari bulan Juli sampai dengan bulan Desember, dan semester genap dari bulan Januari sampai dengan bulan Juni. Jika dibandingkan dengan zaman dulu, akhir-akhir ini angka partisipasi sekolah terus meningkat. Namun, masih terdapat peserta didik yang putus sekolah atau *drop out*. Situasi ini amat disayangkan. Sarana atau sistem untuk memberi dukungan kepada mereka yang mengalami kesulitan bersekolah merupakan salah satu proyek yang harus ditangani sebaik-baiknya agar semua peserta didik dapat mengenyam pendidikan sesuai dengan usianya.

練習1 　単語の意味を調べましょう。

単語	意味	語根	意味
adakalanya			
ajaran			
akhir-akhir ini			
aktivitas			
amat			
bentuk			
berhak		hak	
berusia		usia	
didik			
dilaksanakan		laksana	
dini			
diploma			
diprioritaskan		prioritas	
disayangkan		sayang	
drop out			
dukungan		dukung	
formal			
ganjil			
impian		impi	
jalur			
jaminan		jamin	
jenjang			
kanak-kanak			
kawan			

10

単語	意味	語根	意味
kuliah			
lulusan		lulus	
melanjutkan		lanjut	
menengah		tengah	
mengenyam		kenyam	
meningkat		tingkat	
menyekolahkan		sekolah	
menyelesaikan		selesai	
partisipasi			
PAUD			
peserta		serta	
playgroup			
program			
putus			
SD			
sederajat		derajat	
semester			
sistem			
situasi			
SMA			
SMK			
SMP			
strata 1			
strata 2			
strata 3			

単語	意味	語根	意味
swasta			
tehap			
taman			
taman kanak-kanak			
tanggung jawab			
tenaga			
tenaga kerja			
terjun			
TK			
wajib			
zaman			

ある高校の授業風景

独立記念日のパレードに参加する小学生達

寄宿生活をおくりながら学校に通う子供達

練習2 読解の読み物を日本語に訳しましょう。

練習3 下の問に答えましょう。 🔊 **-29**

1. Berapa tahunkah rakyat Indonesia mengikuti program wajib belajar?

2. Di manakah pendidikan wajib dilaksanakan di Indonesia?

3. Sebutkanlah kepanjangan kata SD!

4. Sebutkanlah kepanjangan kata SMP!

5. Sebutkanlah kepanjangan kata SMA!

6. Apa singkatan dari "pendidikan anak usia dini"?

7. Kapan tahun ajaran baru dimulai di Indonesia?

8. Bagaimana situasi akhir-akhir ini untuk angka partisipasi sekolah di Indonesia?

9. Apakah semua peserta didik yang bersekolah berhasil lulus?

10. Menurut Anda, apa sebabnya terdapat peserta didik yang putus sekolah di Indonesia?

10

Alif: Karina ambil jurusan apa di S1?

Karina: Saya ambil jurusan Ekonomi.

Alif kan kedokteran.

Apakah sejak kecil Alif ingin menjadi dokter?

Alif: Tidak, tetapi karena orang tua saya dokter, mungkin pengaruh lingkungan keluarga.

Karina: Berapa tahun kuliah?

Alif: Fakultas Kedokteran biasanya enam tahun.

Karina: Saya sempat berpikir untuk masuk ke fakultas farmasi karena ingin menjadi apoteker.

Alif: Mengapa tidak jadi?

Karina: Karena kondisi ekonomi orang tua saya kurang mendukung...

（日本語訳）

アリフ：カリナは学部課程で何学科を専攻しましたか？

カリナ：私は経済学科を専攻しました。

　　　　アリフは医学でしたね？

　　　　小さい頃からアリフは医者になりたかったのですか？

アリフ：いいえ、でも私の両親は医師なので、多分家族環境の影響でしょう。

カリナ：何年間勉強しましたか？

アリフ：医学部は通常6年です。

カリナ：私は薬剤師になりたくて、薬学部に入ろうと考えたことがありました。

アリフ：どうして入らなかったのですか？

カリナ：なぜならば、両親の経済状況がちょっと……。

練習4

下の会話のAndaの部分に、自分の考えを作文して書きましょう。

Alif: Les apa yang paling favorit untuk anak-anak Jepang?

Anda:_____

Alif: Apakah Anda pernah mengikuti les?

Anda:_____

Alif: Di Jepang kira-kira berapa persen lulusan dari SMA
melanjutkan kuliah di perguruan tinggi?

Anda:_____

Alif: Mahasiswa Indonesia punya keinginan untuk belajar di luar
negeri. Bagaimana dengan mahasiswa Jepang?

Anda:_____

Alif: Di Indonesia, sebagian orang mendapatkan beasiswa baik dari
pemerintah maupun dari swasta untuk belajar di sekolah.
Bagaimana di Jepang?

Anda:_____

索引 Daftar Kosakata

A

		〔課〕
abad	世紀、時代	3
acara	催し、イベント、テレビ番組、スケジュール、式次第、議題	6
ada	ある、いる、存在する	1
adab	礼節	8
adakalanya	時に、時として	10
adalah (ada)	〜である	1
adat	慣習、しきたり	7
adil	公正な、公平な	8
agama	宗教	7,9
agama Buddha	仏教	7
agama Kongfucu	儒教	7
agar	〜するように	4
Agus Salim	アグス・サリム（人名）	6
ajar	教え	4
ajaran	教え、教義	10
akar	根	5
akhir	終わり、末	8
akhir-akhir ini	最近	10
akibat	結果	2,4
aktivitas	活動	2,10
aku	俺、あたし、〜と供述した、〜と自分で認めた	7
alam	自然、自然界、天然の	4

alami	自然の	4
amat	極めて、甚だ	2,10
ancam	〜と脅かした	4
ancaman (ancam)	脅かし、脅迫、脅威	4
aneka	様々な	3
aneka ragam	多種多様	5
anggap	meng-: 〜とみなす	4
anggrek	蘭	5
anggrek bulan	胡蝶蘭	5
antara	間	2
anugerah	賜り物、賞	6
anut	meng-: 信仰する、信奉する	7
aparatur	国家の機関	9
Arab	アラブ	1
aroma	香り	3
arti	意味	8
asal	出身、生まれ、源、〜さえすれば	3,4
asalnya (asal)	（その）生まれ、出身	4
Asia	アジア	1
Asia Tenggara	東南アジア	1
atau	あるいは	5

B

| badak | サイ | 4 |

badan	身体、肉体、庁、局、団体、機構	8
bagai	如く、如し	1
bagaimana	どのような、どう	3,4
bagi	～にとって、割る、分ける	1
bagian (bagi)	部分	8
bahan	材料、物質、資料	3
bahas	議論、議題	5
bahkan	それどころか	2
bahwa	～ということ	4
baik~maupun…	～もまた…も	7
Bali	バリ	4
bandar	港	6
bandara	空港	6
banding	比較	2
bangsa	民族	1,6
banjir	洪水、大水、水害	2
banjir kiriman	上流で発生した豪雨で起こる洪水、鉄砲水	2
Banten	バンテン（地名）	6
banteng	野牛、ジャワヤギュウ	8
bantu	手伝い、補助	5
banyak	多くの、多い、たくさんある、大いに、多く	6,7,9
batang	茎、幹、軸、棒	5
bawah	下	8
beberapa (berapa)	いくつか	3
beberapa jenis (berapa)	いくつかの種類	2
beda	差、違い	1
Belanda	オランダ	1
belum	まだ～ない	1
benar	正しい、真実である、本当である、本当に	2
bencana	災害、災い、被災	4
bendera	旗	6
Bengkulu	ブンクル（地名）	5
bentuk	形	10
bepergian (pergi)	旅行する	9
berabad-abad (abad)	何世紀もの間	3
berada (ada)	居る、滞在する、裕福な	8
beradab (adab)	野蛮でない、礼を心得ている、文化的な	8
beragam (ragam)	多様な、多岐にわたる、バラエティーがある、様々の	7
beraktivitas (aktivitas)	活動をする	2
beraneka (aneka)	様々な	3
berapa	いくら、いくつ、どのくらい	2
berasal (asal)	～出身である	3
berbagai (bagai)	様々な、各種の	1
berbeda (beda)	違う、差がある	1

索引

B

bijaksana	賢明な、分別のある	8	
bintang	星、スター、タレント	8	
biologis	生物学	5	
birokrasi	官僚制、官僚組織	9	
boleh	してもよい、構わない、許される	6	
Borobudur	ボロブドゥール（寺院名）	7	
buah	実、果物、果実、（助数詞として）〜個、〜冊、〜台など	2,5	
buah-buahan (buah)	様々な果物、果物類	2	
budaya	文化	7	
Buddha	仏陀	7	
budi	知、品性、品行、徳	5	
budi daya	繁殖、養殖、栽培	5	
buka	開ける、営業している	8	
bulan	（天体の）月、（暦の）月	5	
bulu	毛、羽毛	8	
bumbu	調味料、薬味	3	
buru	追いかける	4	
buruh	労働者	9	
burung	鳥	4	

C

cabai	唐辛子	3
canang	（バリヒンドゥー教の）供物	7

candi	遺跡として残る仏教・ヒンドゥー教の石造寺院	7	
cantum	ter-: 記載されている、明記されている	8	
capai	疲れる、men-: 達する	1	
cara	方法、やり方	3	
catat	men-: 記録する、メモする　ter-: 記録される	6,7	
Cenderawasih	極楽鳥	4	
cenderung	傾く、傾向がある、気味だ	2	
cengkeram	men-: 鋭い爪でしっかりと掴む	8	
cinta	恋、愛、愛する	4	
ciri	特性、特徴	2	
ciri-ciri (ciri)	特徴	3	
ciri khas	特徴	2	
cocok	適している、ぴったり合う	2	
contoh	見本、例、サンプル、手本	4	
cukup	十分である、十分に、結構	2	
curah	注ぐ	2	
cuti	休暇、休暇を取る	9	

D

daerah	地域、地区、地方	1
daftar	リスト、表	7
dagang	商売	1,3

dilaksanakan (laksana)	実施される、遂行される(melaksanakan の受動態)	10
dilansir (lansir)	(情報が)流される、発表される(melansir の受動態)	6
dimaksudkan (maksud)	意図される(memaksudの受動態)	3
dimasak (masak)	料理される、調理される(memasak の受動態)	3
dinamai (nama)	名付けられる(menamai の受動態)	6
dingin	寒い、冷たい	2
dini	未明、早期	10
dinyanyikan (nyanyi)	歌われる(menyanyikan の受動態)	6
dipakai (pakai)	使われる(memakai の受動態)	3
diperdagangkan (dagang)	取引される(memperdagangkan の受動態)	3
diperebutkan (rebut)	争奪される(memperebutkan の受動態)	3
diperkenalkan (kenal)	紹介される(memperkenalkan の受動態)	5
diperoleh (oleh)	手に入れられる、獲得される(memperoleh の受動態)	5
dipimpin (pimpin)	指導される、リードされる(memimpin の受動態)	8

diploma	修了証(試験の合格など)	10
diprioritaskan (prioritas)	優先される(memprioritaskanの受動態)	10
diragukan (ragu)	ためらわれる、疑われる(meragukanの受動態)	3
dirayakan (raya)	祝われる(merayakanの受動態)	6
diri	自己、自分	3
disajikan (saji)	供される(menyajikanの受動態)	3
disampaikan (sampai)	伝えられる、届けられる(menyampaikanの受動態)	9
disayangkan (sayang)	残念に思われる、遺憾に思われる(menyayangkanの受動態)	10
disebut (sebut)	言われる(menyebutの受動態)	3
ditemukan (temu)	発見される(menemukan の受動態)、目にする	3
ditetapkan (tetap)	定められる(menetapkan の受動態)	5
diupayakan (upaya)	試みられる、努力される、努められる(mengupayakanの受動態)	4
doktor	博士	5
domestik	国内	7

索引

E — H

107

hal	事、事柄	1	
hampir	ほとんど、近い	3	
hanya	ただ、〜だけ	5	
hari	日、曜日	1	
Hari Buruh Internasional	国際労働者の日	9	
Hari Kemerdekaan Republik Indonesia	インドネシア共和国独立記念日	9	
Hari Lahir Pancasila	パンチャシラ誕生の日	9	
hari raya	祭日	7	
Hari Raya Idul Adha	犠牲祭	9	
Hari Raya Idul Fitri	断食明け大祭	9	
Hari Raya Natal	キリスト降誕祭（クリスマス）	9	
Hari Raya Waisak	ワイサック（仏教大祭：釈迦の誕生、成道、入滅）	9	
harimau	トラ	4	
Hari Suci Nyepi	ニュピ（サカ暦新年）	9	
hasil	成果、結果、産物	1	
hati	心、胸、肝	3,4	
Hatta	ハッタ（人名）	6	
helai	（助数詞）〜枚	8	
hewan	動物、生物	4,5	
hidang	meng-kan: 提供する	3	
hidup	生活、暮らし、生、生きる、暮らす	4	

hijau	緑	3	
hikmat	叡智、深い意味、教訓	8	
Hindu	ヒンドゥー	7	
hingga	まで	1	
hubung	ber-: 関係をもつ、連絡をとる	1	
hujan	雨	2	
huni	住む	5	
hutan	森	2	
hutan hujan tropis	熱帯雨林	2	

I

ibadah	信仰上の義務、おつとめ	7	
ideologi	イデオロギー	8	
Idul Fitri	イドゥル・フィットゥリ（断食明けの日）	9	
iklim	天候、気候	2	
ikut	ついて行く、従う、参加する	8,9	
Imlek	旧正月	9	
impian (impi)	夢、憧れ、理想	10	
inang	宿主	5	
indah	美しい	4	
Inggris	イギリス	1	
instansi	機関	6	
internasional	国際的	6	
isi	中味、内容、チャージ、注入	6	

keanekaragaman (aneka ragam)	多様性	5		Kenaikan Isa Almasih	キリスト昇天(祭)	9
kebangsaan (bangsa)	国籍	6		kenal	知っている、顔見知りである	1,5
kebanyakan (banyak)	大部分、多すぎる	9		kenang	meng-: 思い起こす	6
keberadaan (ada)	存在	1		kenyam	meng-: 体験する、味わう、味を見る、享受する	10
kebijaksanaan (bijaksana)	配慮、政策	8		kepala	頭、思考力、長(会、グループなどの)	8
kedua (dua)	第2の、2番目の、両、双	8		kepercayaan (percaya)	信用、信頼	7
keempat (empat)	第4の、4番目の	7		kepulauan (pulau)	諸島、群島、列島	3
kehidupan (hidup)	生態、生命、生活	4		keputusan (putus)	決定、決議、決心、	5
keistimewaan (aneka ragam)	特徴、特殊性	5		kerakyatan (rakyat)	民主主義	8
kekayaan (kaya)	豊かさ、富	4		kesadaran (sadar)	意識	4
kelezatan (lezat)	美味	3		keseluruhan (seluruh)	全体	2
kelima (lima)	第5の、5番目の	8		ketagihan (tagih)	病みつきになる	3
kemanusiaan (manusia)	人道、人道主義、人文、人間的、人道的	8		ketahui (tahu)	知る	4
kemarau	乾燥した	2		ketenagakerjaan (tenaga kerja)	労働、雇用	9
kembang	花	1,7		ketika	時	7
kementerian (menteri)	省	6		ketuhanan (Tuhan)	神性	8
kemerdekaan (merdeka)	独立	6		khas	独特の、特有の	2
kemungkinan (mungkin)	可能性、見込み	6		khatulistiwa	赤道	2
kenaikan (naik)	上昇、引き上げ、昇天	9		khusus	特殊な、特別な	9

索引

L

111

lingkungan (lingkung)	環境	4
lingua franca	共通語、リンガフランカ	1
longsor	崩れる	2
luas	広い	1
lulus	合格する、卒業する、修了する、パスする	10
lulusan (lulus)	卒業生	10

Ⓜ

macam	種類、〜の様	3
macet	渋滞する、滞る	9
maha	大いなる	8
maha esa	唯一	8
majemuk	複合的な	7
maka	(主節の始まりのマーカー)そこで、それで	1
makna	意味	4
maksud	意図	3
Maleo	セレベスツカツクリ(鳥の名前)	4
Maluku	マルク(地名)	3
mampu	能力がある、金銭的に余裕がある、裕福な	7
mancanegara	外国	7
manusia	人間	4,8
masa	時代、時、期間	6
masak	料理する、調理する	3
Masehi	イエス・キリスト	9

masih	まだ〜である	4
masing-masing	それぞれ、銘々	1
masjid	イスラム寺院、モスク	7
masuk	入る	1
masyarakat	社会、地元民、共同体、世間の人々	1
Maulid Nabi Muhammad SAW	ムハンマド生誕(祭)	9
mayoritas	多数、マジョリティー、多数派	7
mekar	開花する	5
melalui(lalu)	通る、通過する、経る、通じて	9
melanjutkan (lanjut)	継続する、続ける	10
melati	ジャスミン	5
Melayu	マレー、マレー系	1
melestarikan (lestari)	保全を図る、保護する	4
membentuk (bentuk)	設置する、形成する	8
membuat	作る	3
memeluk (peluk)	抱く、抱擁する、信仰する	7
memerlukan	必要とする、要る、必要である	5
memikat (pikat)	魅了する	4
memiliki (milik)	所有する、持つ	1
memperhatikan (hati)	注意を払う、気をつける、留意する、気を配る	3

索引

M

menu	メニュー	3
menunjukkan (tunjuk)	示す	8
menurut (turut)	〜によると、〜によれば	1
menyadari (sadar)	気づく、意識する	6
menyambut (sambut)	迎える	9
menyekolahkan (sekolah)	学校に通わせる、学校に入れる	10
menyelesaikan (selesai)	解決する、片付ける、終わらせる	10
menyerap (serap)	吸収する	1
menyumbang (sumbang)	寄付する	5
merah	赤	3
Merah Putih	紅白旗(インドネシア国旗)	6
merangsang (rangsang)	刺激する	9
merasa(rasa)	感じる、思う	2
merayakan (raya)	祝う	7
merdeka	独立している	6
merupakan (rupa)	〜である	5
meskipun demikian	そのようであっても、そうであっても	2
milik	所有、所有物	1
misal	例	1

misalnya (misal)	例えば	1
Mohammad Hatta	モハマッド・ハッタ（人名）	6
momen	瞬間	1
muda	若い	1
mudik	帰省する、川の上流へ向かう	9
muncul	現れる、出てくる、姿を現す	3
mungkin	可能である、もしかしたら、〜かもしれない	6
musim	季節	2
musim dingin	冬	2
musim gugur	秋	2
musim hujan	雨季	2
musim kemarau	乾季	2
musim panas	夏	2
musim semi	春	2
muson	モンスーン	2
muson tropis	熱帯モンスーン	2
musyawarat	話し合い、協議、交渉	8

N

nafsu	欲望	3
naik	上がる、乗る	9
nama	名前	5
nasional	国家的、民族的、全国的	1
Natal	クリスマス	9

pendayagunaan (daya guna)	有効活用、能率化	9
pendidikan (didik)	教育	6
penduduk (duduk)	住民	7
pendudukan (duduk)	占領	8
penelitian(teliti)	調査、研究	5
penganut (anut)	信者、信奉者	7
penggunaan (guna)	利用、使用	1
pengibaran (kibar)	掲揚	6
pengorbanan (korban)	犠牲、献身	6
penjajahan (jajah)	植民地支配	3
penjelajah (jelajah)	探検家	5
penyelidik (selidik)	調査官	8
penyerbuk (serbuk)	花粉媒介者	5
peran	役	1
perayaan (raya)	お祝い	9
perbedaan (beda)	違い	1
perburuan (buru)	狩猟	4
percaya	信じる	7
perdagangan (dagang)	商業、貿易、売買	1

pergi	行く、外出する	9
perhubungan (hubung)	運輸、通信、コミュニケーション	1
perintah	命令、コマンド	6
perisai	盾	8
peristiwa	出来事、事件	8
perjuangan (juang)	闘い、闘争	6
perkembangan (kembang)	発展、発達、展開	1
permusyawaratan (musyawarat)	協議	8
persatuan (satu)	統一、団体、協会、会	8
persentase	パーセンテージ	5
persiapan (siap)	準備	8
pertama	第一の、最初の、第一に	6
pertanian (tani)	農業	2
pertengahan (tengah)	半ば	9
perwakilan (wakil)	代表部、代議制	8
pesan	メッセージ	6
peserta (serta)	参加者、加入者	10
pesona	魅力、魅了、呪い、呪文	5
pikat	mem-: 魅了する	4
pita	リボン、テープ	8
playgroup	プレイグループ	10
positif	前向き、積極的、肯定的、プラスの、陽性反応	2

sampai	届く、着く、〜にいたるまで	9	sebelum (belum)	〜する前に	1
Sanskerta	サンスクリット	1	sebenarnya (benar)	本当の、実は	2
santan	ココナツミルク	3	sebut	言う、名付ける	1,3
sarana	手段、メディア、施設	1	secara (cara)	〜的に	2
sasar	外れる、免れる	3	sedang	〜しているところ、〜中	1
sasaran (sasar)	ターゲット、標的、的	3	sedangkan (sedang)	一方、他方	1
satu	ひとつ、1	1,8	sederajat (derajat)	同ランク、同位置	10
satwa	野生動物	4	sehari-hari (hari)	日常	1
SAW	アッラーが彼に祝福と平安を与えますように（アラビア語 Shallallahu 'alaihi wasallam の略）	9	sejarah	歴史	6
sayang	可愛がる、大事にする、大切に思う、残念な、もったいない、愛おしい人	10	sekitar	周辺	7
			sekolah	学校	10
sayap	翼	8	selain (lain)	その他に、別にして	2
sayur	野菜	2	selesai	終わる、出来上がる、完了する、解決する	10
sayur-sayuran (sayur)	野菜（類）	2	selidik	細かく正確な	8
SD	小学校（Sekolah Dasar の省略形）	10	seluas (luas)	同じ広さ	1
			seluruh	全〜	1,2
sebab	原因、なぜなら	3	sembah	合掌	7
sebagai (bagai)	〜として	1	sembahyang	礼拝	7
sebagaimana (bagaimana)	〜のように	4	semboyan	モットー、スローガン	8
sebagian (bagi) (bagian)	一部分	2	semester	6ヶ月間、学期、セメスター	10
sebanyak (banyak)	〜と同量	6	semi	芽吹き	2
			semua	すべて、すべての	3
			sensus	センサス、調査	7

118

S

T

tagih	催促する、請求する	3
tahan	耐える、保つ	5
tahap	段階	10
tahu	分かる、知る	4
Tahun Baru Imlek	旧正月	9
Tahun Baru Islam	イスラム暦新年	9
Tahun Baru Masehi	新年	9
taman	庭、公園、花壇	10
taman kanak-kanak	幼稚園	10
tampak	見える	5
tanah	土、土地、大地、地上、地面	2
Tangerang	タングラン（地名）	6
tanggal	日付	6
tanggung jawab	責任	10
tani	農業、農民	2
tanpa	無し、抜き	1
tara	同じ（レベル、立場など）	3
taraf	水準	2
tarik	引く、引っ張る、牽く	4,5
Tarsius kerdil	セレベスメガネザル	4
teknik	工学、技術	5
teliti	細かく正確な、綿密な	2
tempat	場所、席、スペース、容器、入れ物	6
temu	会う	3,6
tenaga	力、エネルギー、労働力、スタッフ	10
tenaga kerja	労働者、労働力	9,10
tenang	静かな、落ち着いている	9
tengah	真ん中、中央、〜中、〜の最中	1,9,10
tenggara	東南	1
tentu	決まっている、きっと	1,5
terancam	脅かされている、危機に瀕している	4
terbanyak (banyak)	最も多い、最多	7
terbesar	一番大きい、最大の	5
tercantum (cantum)	掲載されている、明記されている	8
tercatat (catat)	記録される、登録される	6
terdaftar (daftar)	登録されている、登録済みの	7
terdapat (depat)	ある、得られる	2
terdiri (diri)	（〜から）なる、成り立つ	3
terendah (rendah)	一番低い	2
tergolong (golong)	分類される	2
terhadap (hadap)	〜に対して	3
terjadi (jadi)	起こる	2

索引 Daftar Kosakata

日本語	インドネシア語	課
愛(する)	cinta	4
愛好家、愛好者	pecinta (cinta)	4
間	antara	2
相手にする	menghadapi (hadap)	4
会う	temu	3,6
	jumpa	4
会う(旧交をふかめるために親戚や知人と)	bersilaturahmi (silaturahmi)	9
赤	merah	3
上がる	naik	9
秋	musim gugur	2
アグス・サリム(人名)	Agus Salim	6
(油で)揚げられる	digoreng (goreng)	3
開ける	buka	8
(油で)揚げる	menggoreng	3
憧れ	impian (impi)	10
味	rasa	2,3
アジア	Asia	1
味わう	mengenyam (kenyam)	10
あたし	aku	7
頭	kepala	8
暑い、熱い	panas	2

日本語	インドネシア語	課
集まる	berkumpul (kumpul)	7
アッラーが彼に祝福と平安を与えますように	SAW (Shallallahu 'alaihi wasallam)	9
油っ気が強い、油っぽい	berminyak (minyak)	3
あまり〜ではない	kurang	2
雨	hujan	2
アラブ	Arab	1
現れる	muncul	3
ある(在る)	ada	1
	terdapat (depat)	2
或る	suatu	1
あるいは	atau	5
ある特定の	tertentu (tentu)	1

い

日本語	インドネシア語	課
言う	sebut	1,3
イエス・キリスト	Masehi	9
勢いが激しい	deras	2
生き延びる	bertahan (tahan)	5
イギリス	Inggris	1
生きる	hidup	4
行く	pergi	9
いくつ、いくら	berapa	2
いくつか	beberapa (berapa)	3

123

いくつかの種類	beberapa jenis (berapa)	2
遺産	warisan (waris)	7
意識	kesadaran (sadar)	4
意識する	menyadari (sadar)	6
〜以上	lebih	5
イスラム	Islam	7
イスラム寺院	masjid	7
イスラム暦新年	Tahun Baru Islam	9
遺跡	situs	7
依然として	tetap	5, 8
(〜に)いたるまで	sampai	9
1	satu	1, 8
	esa	8
位置	letak	2
位置する	terletak (letak)	2
一年中	sepanjang tahun	2
一番高い	tertinggi (tinggi)	2
一番低い	terendah (rendah)	2
一部分	sebagian (bagi) (bagian)	2
一緒に	bersama (sama)	9
一般的	umum	2, 6, 9
一般に	umumnya (umum)	2
一方	sedangkan (sedang)	1

イデオロギー	ideologi	8
意図	maksud	3
イドゥル・フィットゥリ	Idul Fitri	9
愛おしい人	sayang	10
意図される	dimaksudkan (maksud)	3
稲	padi	8
イベント	acara	6
今(や)	kini	6
意味	makna	4
	arti	8
意味する	bermakna (makna)	4
イメージ	gambaran (gambar)	3
いる	ada	1
祝う	merayakan (raya)	7
言われる	disebut (sebut)	3
	dikatakan (kata)	6
祝われる	dirayakan (raya)	6
インドネシア共和国独立記念日	Hari Kemerdekaan Republik Indonesia	9

う

雨季	musim hujan	2
動き	jalan	6
歌	lagu	6
	nyanyi	6

疑われる	diragukan (ragu)	3
歌われる	dinyanyikan (nyanyi)	6
内	dalam	8
美しい	indah	4
奪う	rebut	3
生まれ	asal	3,4
（その）生まれ	asalnya (asal)	4
産み出す	menghasilkan (hasil)	3
羽毛	bulu	8
運輸	perhubungan (hubung)	1

え

絵	gambar	3,8
影響	dampak	2
営業している	buka	8
叡智	hikmat	8
英雄	pahlawan	6
エスニック集団	suku	7
エネルギー	tenaga	10
援助される	dibantu (bantu)	5

お

尾	ekor	8
追いかける	buru	4
美味しい	enak	3

お祝い	perayaan (raya)	9
応援	dukungan (dukung)	10
多い、多く	banyak	6,7,9
大いなる	maha	8
多くの人出で混み合う	ramai	9
多すぎる	kebanyakan (banyak)	9
オープニング	pembukaan (buka)	8
送り届けられたもの	kiriman	2
送る	kirim	2
行われる	berlangsung (langsung)	1
	diadakan(ada)	6
起こる	terjadi (jadi)	2
教え	ajar	4
	ajaran	10
オス	jantan	5
落ち着いている	tenang	9
落ちる	gugur	2
（宗教上の）おつとめ	ibadah	7
（宗教上の）おつとめをする	beribadah (ibadah)	7
（〜と）脅かした	ancam	4
（〜を）訪れる	mengunjungi	7
同じ	sama	5,9
同じ（レベル、立場など）	tara	3
同じ広さ	seluas (luas)	1

索引
う｜お

125

鬼	raksasa	5	外国	mancanegara	7
脅かされている	terancam	4	会社	kantor	6
オフィス	kantor	6	外出する	pergi	9
オポール(料理名)	opor	3	階層	Strata	4
思い起こす	mengenang (kenang)	6	階段	jenjang	10
及び	serta	3,10	(〜と)書いている	tulis	8
オランウータン	Orang utan	4	快適な	nyaman	2
オランダ	Belanda	1	変える	mengubah	6
俺	aku	7	顔見知りである	kenal	1,5
終わらせる	menyelesaikan (selesai)	10	香り	aroma	3
終わり	akhir	8	(〜と)書き付けてある	bertuliskan (tulis)	8
終わる	selesai	10	額	jumlah	1,8
温度	suhu	2	学位	gelar	6
			覚悟がある	siap	8
か			学習者	pelajar (ajar)	4
階	tingkat	3,10	確信がない	ragu	3
会	persatuan (satu)	8	獲得される	diperoleh (oleh)	5
開会	pembukaan (buka)	8	学部課程	strata 1	10
改革	reformasi	9	果実	buah	2,5
開花する	mekar	5	画像	gambar	3,8
(たくさん)開花する	bermekaran (mekar)	5	形	rupa / bentuk	5 / 10
外観	rupa	5	片付ける	menyelesaikan (selesai)	10
会議	kongres	1	花壇	taman	10
解決する	selesai / menyelesaikan (selesai)	10 / 10	価値	nilai	9
			学期	semester	10

技術	teknik	5
基準	ukuran	5
奇数	ganjil	10
犠牲	pengorbanan (korban)	6
犠牲(者)	korban	6
犠牲祭	Hari Raya Idul Adha	9
寄生植物、寄生生物、寄生虫	parasit	5
帰省する	mudik	9
犠牲にする	mengorbankan (korban)	6
季節	musim	2
基礎	dasar	5,8
議題	bahas acara	5 6
来たる	mendatang (datang)	6
気づく	sadar menyadari (sadar)	4,6 6
きっと	tentu	1,5
疑念がある	ragu	3
機能	fungsi	5
機能する、機能を持つ	berfungsi (fungsi)	5
寄付する	menyumbang (sumbang)	5
基本	dasar	5,8
基本的に	pada dasarnya	2
決まっている	tentu	1,5
義務がある	wajib	10
肝	hati	3,4
気持ちが良い	enak	3
旧	lama	5
休暇(を取る)	cuti	9
吸収する	serap menyerap (serap)	1 1
旧正月	Imlek Tahun Baru Imlek	9 9
脅威	ancaman (ancam)	4
教育	pendidikan (didik)	6
教育する	mendidik	6,10
教育的である	mendidik	6,10
(キリスト教の)教会	gereja	7
協会	persatuan (satu)	8
(周りに)境界をひく	melingkung	4
協議	musyawarat permusyawaratan (musyawarat)	8 8
教訓	hikmat	8
供される	disajikan (saji)	3
享受する	mengenyam	10
(〜と)供述した	aku	7
共通語	*lingua franca*	1
共同	bersama (sama)	9

掲揚	pengibaran (kibar)	6
結果	hasil	1
	akibat	2,4
決議	keputusan (putus)	5
決心	keputusan (putus)	5
決定	keputusan (putus)	5
原因	sebab	3
研究	penelitian(teliti)	5
献身	pengorbanan (korban)	6
元素	unsur	5
原則	sila	8
憲法	undang-undang dasar	6
賢明な	bijaksana	8
懸命に努力する	berjuang (juang)	6
権利	hak	10
権利がある	berhak (hak)	10

こ

～個	buah	2,5
5	lima	8
語	kata	6
恋	cinta	4
公園	taman	10
工学	teknik	5

合格する	lulus	10
講義	kuliah	10
公共の	umum	2,6,9
合計	jumlah	1,8
孔子	Konghucu	7
公式	resmi	7
公衆	umum	2,6,9
交渉	musyawarat	8
香辛料	rempah	3
洪水	banjir	2
公正な	adil	8
構想	konsep	8
肯定的	positif	2
高等学校	SMA	10
合同決定書	SKB	9
紅白旗(インドネシア国旗)	Merah Putih	6
公表する	mengumumkan (umum)	9
公平さ	keadilan (adil)	8
公平な	adil	8
効用	guna	1,3,6
効率	daya guna	9
	efisiensi	9
国際的	internasional	6
国際労働者の日	Hari Buruh Internasional	9
国籍	kebangsaan (bangsa)	6

捧げ物（食べ物や花などの）	sajen	7	時間がかかる	lama	5
	sesajen (sajen)	7	事業	usaha	8
捧げる	mempersembahkan (sembah)	7	死去する	wafat	9
定められる	ditetapkan (tetap)	5	軸	batang	5
～冊	buah	2,5	刺激	rangsang	9
サバンナ	sabana	2	刺激する	merangsang (rangsang)	9
（ひとけがなく）淋しい	sepi	9	事件	peristiwa	8
様々な	berbagai (bagai)	1	思考力	kepala	8
	aneka	3	仕事	tugas	7
	beraneka (aneka)	3	支持	dukungan (dukung)	10
寒い	dingin	2	市場	pasar	2
去る	lalu	2	静かな	tenang	9
参加	partisipasi	10	（物音がせず）静かな	sepi	9
参加者	peserta (serta)	10	システム	sistem	10
参加する	ikut	8,9	施設	sarana	1
	mengikuti (ikut)	9	自然	alam	4
サンスクリット	Sanskerta	1	自然の	alami	4
残念な	sayang	10	下	bawah	8
残念に思われる	disayangkan (sayang)	10	時代	abad	3
				masa	6
				zaman	10

し

			従う	ikut	8,9
				mengikuti (ikut)	9
寺院（遺跡として残る仏教・ヒンドゥー教の石造寺院）	candi	7	実施される	dilaksanakan (laksana)	10
支援	dukungan (dukung)	10	湿度が高い、湿った	lembap	2
支援する	memdukung	10	実の	kandung	8

132

順番	nomor	6
準備	persiapan (siap)	8
準備ができている	siap	8
賞	anugerah	6
省	kementerian (menteri)	6
使用	penggunaan (guna)	1
紹介される	diperkenalkan (kenal)	5
小学校	SD	10
商業	perdagangan (dagang)	1
状況	situasi	10
条件	kondisi	2
称号	gelar	6
上昇	kenaikan (naik)	9
情勢	situasi	10
状態	kondisi	2
招待する	mengundang (undang)	2
象徴	simbol	8
昇天	kenaikan (naik)	9
商人	pedagang (dagang)	3
商売	dagang	1,3
消費	konsumsi	3
消費される	dikonsumsi (konsumsi)	3
丈夫な	kuat	3

(川の)上流へ向かう	mudik	9
食卓に出される	dihidangkan (hidang)	3
植物相	flora	5
植民地支配	penjajahan (jajah)	3
女性	wanita	7
諸島	kepulauan (pulau)	3
初等	dasar	5,8
庶民	rakyat	8
所有	milik	1
所有する	memiliki (milik)	1
所有物	milik	1
	punya	2
知られる	dikenal (kenal)	5
資料	bahan	3
	data	6
知る	mengenal (kenal)	1
	ketahui (tahu)	4
	tahu	4
白(い)	putih	6
仕業	ulah	4
信仰する	memeluk (peluk)	7
	menganut	7
信者、信奉者	penganut (anut)	7
信者たちの集団	jemaah	7
人種	ras	7
信じる	percaya	7

正式	resmi	7
正式な	formal	10
精神	jiwa	6
生息地、生息環境	habitat	4
生態	kehidupan (hidup)	4
成長する	tumbuh	2
制度	sistem	10
政府	pemerintah (perintah)	6
生物	hewan	4,5
生物学	biologis	5
生命	kehidupan (hidup)	4
	jiwa	6
世界	dunia	7
席	tempat	6
赤道	khatulistiwa	2
責任	tanggung jawab	10
世間	dunia	7
積極的	positif	2
設置する	membentuk (bentuk)	8
絶滅する	punah	4
セレベスツカツクリ （鳥の名前）	Maleo	4
世話をする	menjaga (jaga)	5
線	garis	2
全〜	seluruh	1,2
宣言	proklamasi	8

全国的	nasional	1
全体	keseluruhan (seluruh)	2
全面	hadap	3,4
専門高等学校	SMK	10
占領	pendudukan (duduk)	8
占領する	menjajah	3

そ

象	gajah	4
僧院	wihara	7
早期	dini	10
草稿	konsep	8
相続人	waris	7
争奪される	diperebutkan (rebut)	3
そ(のよ)うであっても	meskipun demikian	2
そこで	maka	1
注ぐ	curah	2
卒業する	lulus	10
卒業生	lulusan (lulus)	10
その	tersebut (sebut)	1
その他に	selain (lain)	2
そのまま	langsung	1,3
	terus	1
そのような	demikian	1
空	langit	4

たちまち	langsung	1,3
達する	mencapai (capai)	1
脱落	*drop out*	10
盾	perisai	8
例えば	misalnya (misal)	1
黙る	diam	4
ためらわれる	diragukan (ragu)	3
保つ	tahan bertahan (tahan)	5 5
多様性	keanekaragaman (aneka ragam)	5
多様性の中の統一	Bhinneka Tunggal Ika	8
多様な	beragam (ragam)	7
足りない	kurang	2
タレント	bintang	8
段	tingkat	3,10
単一	tunggal	8
段階	tingkat tahap	3,10 10
タングラン（地名）	Tangerang	6
探検家	penjelajah (jelajah)	5
単語	kata	6
断食明け大祭	Hari Raya Idul Fitri	9
団体	badan persatuan (satu)	8 8

ち

知	budi	5
地位	derajat	10
地域	daerah wilayah	1 1
近い	hampir	3
違い	beda perbedaan (beda)	1 1
違う	berbeda (beda)	1
力	daya tenaga	5 10
ちぎれる	putus	5,10
地区	daerah	1
地質学	geologi	4
地上	tanah	2
地方	daerah	1
チャージ、注入	isi	6
～中（～の最中）	tengah	1,9,10
～中（～していると ころ）	sedang	1
中央	tengah	1,9,10
中華	Tionghoa	1
中学校	SMP	10
中間、中等	menengah (tengah)	10
躊躇する	ragu	3
中部ジャワ	Jawa Tengah	1
庁	badan	8

索引

ち
｜
て

139

データ	data	6		〜頭	ekor	8
テープ	pita	8		どう、どのような	bagaimana	3,4
手が届く	menjangkau (jangkau)	1		同位置	sederajat (derajat)	10
出来上がる	selesai	10		統一	persatuan (satu)	8
出来事	peristiwa	8		唐辛子	cabai	3
適している	cocok	2		到着する	tiba	2
〜的に	secara (cara)	2			tibalah (tiba)	2
できる	dapat	2		東南	tenggara	1
デザイン	desain	8		東南アジア	Asia Tenggara	1
手助けをする、手伝う	dibantu (bantu)	5		動物	hewan	4,5
手伝い	bantu	5		動物相	fauna	4
撤退させる	menarik (tarik)	5		同様に	pula	2
鉄砲水	banjir kiriman	2		(〜と)同量	sebanyak (banyak)	6
寺	klenteng	7		登録される	tercatat (catat)	6
テレビ番組	acara	6		登録済みの	terdaftar (daftar)	7
手を伸ばして摘む	menjangkau (jangkau)	1		通る	lalu	2
展開	perkembangan (kembang)	1			melalui (lalu)	9
天候	iklim	2		時	masa	6
天候を持つ	beriklim (iklim)	2			ketika	7
点数	nilai	9		時々	kadang-kadang	4
				時として、時に	adakalanya	10
				途切れる	putus	5,10
				時を同じくする	bersamaan (sama)	5

と

〜と	bersama (sama)	9		徳	budi	5
〜という	konon	1		特殊性	keistimewaan (aneka ragam)	5
〜ということ	bahwa	4				

140

何世紀もの間	berabad-abad (abad)	3

に

2	dua	8
にぎやか	ramai	9
肉体	raga	6
～に対して	terhadap (hadap)	3
日常	sehari-hari (hari)	1
～にとって	bagi	1
～になる	menjadi (jadi)	3
2番目の(第2の)	kedua (dua)	8
日本	Jepang	8
ニュピ(サカ暦新年)	Hari Suci Nyepi	9
～によって	oleh	5
～によると(よれば)	menurut (turut)	1
庭	taman	10
人間	manusia	4,8
人間的	kemanusiaan (manusia)	8
妊娠する	mengandung (kandung)	8
任務	tugas	7

ぬ

ヌサンタラ	Nusantara	5

ね

根	akar	5
寝ずに目を覚ましている	jaga	5
熱帯	tropis	2
熱帯雨林	hutan hujan tropis	2
熱帯サバンナ	sabana tropis	2
熱帯モンスーン	muson tropis	2
根元	pangkal	8
年齢	usia	10

の

農業	tani	2
	pertanian (tani)	2
農民	tani	2
能率化	pendayagunaan (daya guna)	9
能力がある	mampu	7
～の限りでは	sepanjang (panjang)	2
～のような	seperti	2
～のように	seperti	2
	sebagaimana (bagaimana)	4
乗る	naik	9
呪い	pesona	5

は

葉	daun	5

ひ

(結果として)引き起こす	mengakibatkan (akibat)	2
引く	tarik	4,5
	menarik (tarik)	5
引っ張る	tarik	4,5
低い	rendah	2
被災	bencana	4
日付	tanggal	6
必修、必須の	wajib	10
匹敵する	setara (tara)	3
必要である	memerlukan (perlu)	5
一つ	satu	1,8
(複数の中の)一つ	salah satu	3
一つにまとめるもの	pemersatu (satu)	1
美味	kelezatan (lezat)	3
美味である	lezat	3
百万	juta	7
百科事典	ensiklopedia	5
表	daftar	7
廟	klenteng	7
評価	nilai	9
標的	sasaran (sasar)	3
肥沃な	subur	2
広い	luas	1
品行、品性	budi	5
ヒンドゥー	Hindu	7
ヒンドゥー教の神々	dewata	7

ふ

深い	dalam	8
副～	wakil	6,8
複合的な	majemuk	7
(～に)含まれる	termasuk (masuk)	1
含む	termasuk (masuk)	1
	mengandung (kandung)	8
袋	kandung	8
普通	biasa	9
	biasanya (biasa)	9
仏教	agama Buddha	7
フック	kait	6,8
物質	bahan	3
仏陀	Buddha	7
部分	bagian (bagi)	8
不法な	liar	4
部門	bidang	2
冬	musim dingin	2
古い	lama	5
プレイグループ	*playgroup*	10
プログラム	program	10
プロテスタント	Protestan	7
文化	budaya	7
文化的な	beradab (adab)	8
ブンクル(地名)	Bengkulu	5
分野	bidang	2

144

(〜と)みなす	menganggap	4
港	bandar	6
源	asal	3,4
身振り	ulah	4
見本	contoh	4
未明	dini	10
魅了	pesona	5
魅了する	memikat (pikat)	4
	mempikatpikat	4
魅力	pesona	5
見る	lihat	9
民間	swasta	10
民主主義	kerakyatan (rakyat)	8
民族	bangsa	1,6
民族的	nasional	1

む

向かう	menuju	9
迎える	menyambut (sambut)	9
無許可の	liar	4
ムクドリ	jalak	4
無垢な	suci	9
胸	hati	3,4
ムハンマド昇天(祭)	Isra Mikraj Nabi Muhammad SAW	9

ムハンマド生誕(祭)	Maulid Nabi Muhammad SAW	9
村(行政村)	desa	2

め

〜名	jiwa	6
明記されている	tercantum (cantum)	8
命名	penamaan (nama)	5
命令	perintah	6
メガネザル(セレベスメガネザル)	Tarsius kerdil	4
メス	betina	5
珍しい	langka	4
メッセージ	pesan	6
メディア	sarana	1
メニュー	menu	3
芽吹き	semi	2
綿密な	teliti	2

も

網羅する	menjangkau (jangkau)	1
目的	tujuan (tuju)	9
目標	tujuan (tuju)	9
もし	jika	3
もしかしたら	mungkin	6

148

ワイサック（仏教大祭）	Hari Raya Waisak	9
若い	muda	1
若者	pemuda (muda)	1
分かる	tahu	4
分ける	bagi	1
綿	kapas	8
割る	bagi	1

[著 者]

ホラス由美子（HORAS ゆみこ）
・・・

東京学芸大学大学院修了。
現在、東京農業大学非常勤講師、大学書林国際語学アカデミー講師。
弁護士会等の司法通訳、その他各種翻訳・通訳。
インドネシア共和国の農村漁村地域の中学生、高校生を対象とした "Beasiswa Pelangi"
主宰。バリ島の児童養護施設の子供たちへの支援をおこなっている。

主な著書：『アジアの食文化』分担執筆（建帛社）
『ゼロから話せるインドネシア語』（三修社）
『らくらく旅のインドネシア語』（三修社）
『はじめようインドネシア語』（三修社）
『インドネシア語レッスン初級1』『初級2』（スリーエーネットワーク）
『インドネシア語リスニング』（三修社）
『インドネシア語スピーキング』（三修社）
『超實用情境學初級印尼語：單字、文法、會話輕鬆學、開口說！』（台湾東販）

[音声吹込]

Nofi Alfrets Ruauw   Maria Veridiana Vercelli Soedjarno   Noribun Horas

[写 真]

増田淳二

インドネシア語レッスン中級

2023年3月2日　初版第1刷発行

著　者　ホラス由美子
発行者　藤嵜政子
発　行　株式会社スリーエーネットワーク
〒102-0083　東京都千代田区麹町3丁目4番トラスティ麹町ビル2F
電話：03-5275-2722（営業）　03-5275-2725（編集）
https://www.3anet.co.jp/
印　刷　三美印刷株式会社

インドネシア語
レッスン
中級

スリーエーネットワーク

第1課

練習2

インドネシア語

　インドネシアは国語、すなわちインドネシア語を有する。インドネシア語は民族統一の言語である。インドネシア語ができる前、インドネシアを含む東南アジア地域の人々は、コミュニケーションの言語あるいはリンガフランカ（共通語）、また商業言語としてムラユ語を使っていた。

　インドネシア語は1928年10月28日の第2回青年の会議で生まれた。インドネシア語の発展は現在に至るまで続いている。インドネシア語は、サンスクリット語、アラビア語、オランダ語、英語、中国語、日本語などさまざまな言語を受容している。

　インドネシア語以外に、インドネシア人は日常のコミュニケーション手段として地方語を使用している。ある調査結果によると、インドネシアにおける地方語の総数は700種類以上にのぼるという。インドネシア語と地方語の違いは、その言語を使用する範囲である。インドネシア語はインドネシアの全ての地域を網羅するが、一方それぞれの地方語は特定の地方（地域）のみを網羅する。例えば、中部ジャワ地方や東ジャワ地方では、人々はしばしばジャワ語を用いるが、しかし、その地方以外の人々は滅多にジャワ語を使わない。これは、その地方（地域）以外における地方語は違うからであり、ジャワ語の使用範囲はインドネシア語のように広くはない。

　インドネシア語は、インドネシア社会において非常に大きく重要な役割をはたしている。このインドネシア語の存在は、インドネシア人が民族や地域の違いを感じることなく、互いにコミュニケーションをとることを可能にしているのである。

練習3

質問の日本語訳と解答例（日本語訳）

1. インドネシア民族の国語を言いなさい。
    Bahasa Indonesia. （インドネシア語。）
2. いつインドネシア語が誕生しましたか？
    Bahasa Indonesia lahir pada tanggal 28 Oktober 1928 pada momen Kongres Pemuda Indonesia II.
    （インドネシア語は1928年10月28日の第二回青年の会議で生まれました。）
3. インドネシア語が誕生する前、東南アジア地域の人々はムラユ語を何の言語として使用していましたか？

Sebelum bahasa Indonesia lahir, warga di wilayah Asia Tenggara termasuk Indonesia memakai bahasa Melayu sebagai bahasa perhubungan atau *lingua franca* dan perdagangan.

（インドネシア語ができる前、インドネシアを含む東南アジア地域の人々は、コミュニケーションの言語あるいはリンガフランカ（共通語）、また商業言語としてムラユ語を使っていました。）

4. インドネシア語に受容されたサンスクリット語、アラビア語、オランダ語、英語、中国語、日本語の単語例をあげなさい。

Contoh masing-masing bahasa asing itu adalah guru (bahasa Sanskerta), abad（bahasa Arab), maskapai (bahasa Belanda), film (bahasa Inggris), kongsi (bahasa Tionghoa), dan tsunami (bahasa Jepang).

（それらそれぞれの外国語の単語例は、guru（サンスクリット語）、abad（アラビア語）、maskapai（オランダ語）、film（英語）、kongsi（中国語）と tsunami（日本語）です。）

5. 日常の言語として、インドネシア語以外にインドネシア人は何語を使用しますか？
Bahasa daerah. （地方語。）

6. インドネシアには、およそ何種類の地方語がありますか？
Di Indonesia terdapat lebih dari 700 macam bahasa daerah.
（インドネシアには700種類以上の地方語があります。）

7. インドネシア語と地方語の違いは何ですか？
Perbedaannya dapat dilihat pada jangkauan penggunaan bahasa Indonesia dan masing-masing bahasa daerah.
（その違いは、インドネシア語とそれぞれの地方語の使用範囲に見られます。）

8. なぜインドネシア人にとってインドネシア語の役割が大きく重要なのですか？
Karena keberadaan bahasa Indonesia membuat warga Indonesia dapat berkomunikasi satu sama lain tanpa mengenal perbedaan suku maupun daerah.
（なぜならば、インドネシア語の存在は、インドネシア人が民族や地域の違いを感じることなく、互いにコミュニケーションをとることを可能にしているからです。）

9. あなたはインドネシアにある地方語を話せますか？
Ya, saya bisa berbahasa daerah yang ada di Indonesia.
（はい、私はインドネシアにある地方語を話せます。）

Tidak, saya tidak bisa berbahasa daerah yang ada di Indonesia.

（いいえ、私はインドネシアにある地方語を話せません。）

10. あなたはインドネシア語の歴史について調べたことがありますか？

Ya, saya pernah mencari tahu tentang sejarah bahasa Indonesia.

（はい、私はインドネシア語の歴史について調べたことがあります。）

Belum, saya belum pernah mencari tahu tentang sejarah bahasa Indonesia.

（いいえ、私はまだインドネシア語の歴史について調べたことがありません。）

練習4

質問の日本語訳

アリフ：あなたはインドネシア語ができますか？

アリフ：あなたはもうどれぐらいインドネシア語を勉強しましたか？

アリフ：どこであなたはインドネシア語を勉強しましたか？

アリフ：なぜあなたはインドネシア語を勉強したいのですか？

アリフ：あなたはインドネシア語を勉強することは難しいと思いますか？

第2課

練習2

気候と季節

　気候とはある場所における長期間の天気の平均的な状態である。日本で私たちは4つの季節、すなわち春夏秋冬を楽しむことができる。インドネシアでもそのようであろうか？　もし私たちがインドネシア人にインドネシアの季節についてたずねたら、一般に彼らの答えは概ね、「インドネシアの気温は平均的に高い。」、「2つの季節がある。乾季と雨季だ。」などであろう。

　インドネシアの国土は赤道直下に位置している。インドネシア全般は熱帯雨林気候の国である。それゆえに、インドネシアの気候は一年中暖かく、やや暑く湿度が高い気候に分類される。より注意深く観察するならば、私達は、本来インドネシアには数種類の気候があるということを知るだろう。インドネシアの国土の大部分は熱帯雨林気候である。この気候の特徴は、降雨量が多いことである。熱帯雨林気候のほかに、熱帯モンスーン気候と熱帯サバナ気候の地域もある。

　一般的にインドネシアにおける乾季は5月から10月の間である。この季節は、最低気温と最高気温の差がかなり大きく、降雨量も少ない。それゆえに、乾季は活動す

るには快適であり、観光するのに適している。乾季が過ぎると、降雨量が多い雨季が
到来する。豪雨はしばしば都市部に洪水、あるいは鉄砲水をもたらし、あるいは農村
部には地滑りの発生をもたらす。とはいえ、インドネシアにおける雨季は、農業には
プラスの影響がある。多くの作物が豊かに実り、収穫された農作物があふれる。野菜
類や果物類のような農作物はインドネシアの市場で多く見られる。

練習3

質問の日本語訳と解答例（日本語訳）

1. 気候という言葉の意味を説明しなさい。

    Makna kata iklim adalah kondisi rata-rata cuaca di suatu tempat dalam
    jangka waktu yang lama.

    （気候という言葉の意味は、ある場所における長期間の天気の平均的な状態
    です。）

2. 日本にはいくつの季節がありますか？

    Di Jepang ada empat musim. （4つの季節があります。）

3. 日本の季節名を言いなさい。

    Musim semi, musim panas, musim gugur, dan musim dingin.

    （春、夏、秋と冬。）

4. インドネシア人によると、一般的にインドネシアにはいくつの季節がありますか、
   また、その季節名を言いなさい。

    Menurut orang Indonesia, di Indonesia ada dua musim. Nama dua musim
    adalah musim kemarau dan musim hujan.

    （インドネシア人によると、インドネシアには2つの季節があります。2つの
    季節名は、乾季と雨季です。）

5. インドネシアの国土は赤道直下に位置していますか？

    Ya, wilayah Indonesia terletak di bawah garis khatulistiwa.

    （はい、インドネシアの国土は赤道直下に位置しています。）

6. インドネシアの国土の大部分は、何気候ですか？

    Sebagian besar wilayah Indonesia beriklim hutan hujan tropis.

    （インドネシアの国土の大部分は熱帯雨林気候です。）

7. 熱帯雨林気候の特徴をあげなさい。

    Ciri khas iklim tersebut adalah taraf curah hujannya tinggi.

    （この気候の特徴は、降雨量が多いです。）

8. 雨季と乾季では、どちらの降雨量がより多いですか？

    Musim hujan.（雨季。）

9. 豪雨は都市部や農村部でどんな災害をもたらしますか？

    Hujan deras bisa mengakibatkan banjir atau mengundang banjir kiriman di kota-kota dan di daerah pedesaan terjadi tanah longsor.

    （豪雨は都市部に洪水、あるいは鉄砲水をもたらし、また農村部では地滑りが発生します。）

10. あなたが住んでいる地域で、あなたは何の季節が一番好きですか？また、その季節が好きな理由は何ですか？

    Saya paling menyukai musim semi karena bisa menikmati keindahan bunga *Sakura*.　※この解答例は一例です。

    （私は桜の花の美しさを堪能できるので、春が一番好きです。）

練習4

質問の日本語訳

アリフ：あなたの出身国には、いくつの季節がありますか？

アリフ：私は秋の雰囲気に惹かれます。

    あなたの出身国には、秋に特別の行事がありますか？

アリフ：私はまだ雪を見たことがありません。

    雪を触った時はどんな感じでしょう？

    雪はかなり長い間残りますか、それともすぐに溶けますか？

第3課

練習2

料理

　「インドネシア料理」という言葉を聞いて、その言葉について、あなたのイメージはどのようなものであろうか？　真っ先に浮かぶイメージは、料理名、調理方法、それとも味の特徴であろうか？　そもそもインドネシア料理とは何か？　インドネシア料理とは、インドネシア全土で供される全ての料理である。インドネシア料理は、いろいろな食材、香辛料、調味料などからなる。

　一般にインドネシア料理を作るために、インドネシア人は多くの香辛料を使う。昔、マルク地方の森になっているナツメグの実は、商人たちによって金と同等の価値で取

引され、それどころか外からの民族によって奪い合われた。それが、マルク諸島が香辛料列島と言われる所以の一つであり、インドネシアは何世紀にもわたりいくつかの国々の支配の標的になったのである。

　インドネシア料理の特徴は、香辛料の多さだけではなく、辛くて油っ気が多いことにもある。インドネシア料理は材料の一つに唐辛子を使う。インドネシアで目にする唐辛子はバラエティーに豊んでいる。例えば、とても辛い小さな唐辛子、赤唐辛子、青唐辛子などである。唐辛子の辛さは病みつきになり、私たちの食欲が増す。インドネシア料理の作り方に注意してみると、ほぼ全ての食材は、油で揚げる方法で調理されている。そのほかに、インドネシア料理はしばしばココナツミルクを使う。ココナツミルクはルンダン、グライ（グレイ）、オポールなどさまざまな肉料理に使われる。

　インドネシア人は普段1日3回食事をする。食卓には、インドネシア人にとっての主食である白米が必ず出される。肉、魚、野菜など数種類のおかずも供される。

　インドネシアは、ユニークで美味しい料理が数多くある。インドネシア料理の美味しさはもはや疑いの余地がない。さまざまな香辛料と食材が料理の特別な味と強い香りを作り出している。

練習3

質問の日本語訳と解答例（日本語訳）

1. インドネシア料理について、あなたのイメージを書いてください。

    Rasa masakan Indonesia pada umumnya pedas, berminyak dan menggunakan banyak bumbu dan rempah.　※この解答例は一例です。

    （インドネシア料理の味は、一般的に辛く、油っ気があり、多くの調味料や香辛料を使います。）

2. あなたはインドネシア料理を食べたことがありますか？

    Ya, saya pernah makan masakan Indonesia.

    （はい、私はインドネシア料理を食べたことがあります。）

    Belum, saya belum pernah makan masakan Indonesia.

    （いいえ、私はまだインドネシア料理を食べたことがありません。）

3. あなたはインドネシア料理の一番の特徴は何だと思いますか？

    Menurut saya, kebanyakan masakan Indonesia berminyak dan menggunakan banyak rempah.　※この解答例は一例です

    （私は、多くのインドネシア料理は油っ気が多く、多くの香辛料を使っていると思います。）

4. 昔、マルク諸島で誰が香辛料を奪い合いましたか?

   Bangsa asing yang datang dari luar Indonesia.

   (インドネシア国外から来た民族。)

5. 昔、商人によって取引されたマルク諸島の森で得られる香辛料の名前をあげなさい。

   Buah pala. (ナツメグ。)

6. マルク諸島が香辛料列島と言われた理由は何ですか?

   Kepulauan Maluku disebut sebagai kepulauan rempah karena rempah yang
   tumbuh di hutan-hutan daerah itu diperdagangkan oleh para pedagang
   dengan harga setara emas bahkan diperebutkan oleh bangsa asing dari luar
   Indonesia.

   (マルク諸島が香辛料列島と言われた一つの理由は、その地方の森になって
   いる香辛料が商人たちによって金と同等の価値で取引され、それどころか、
   よそから来た民族によって奪い合われたことです。)

7. インドネシア料理のいくつかの特徴をあげなさい。

   Selain menggunakan banyak rempah, masakan Indonesia menggunakan
   berbagai jenis cabai, santan dan lain-lainnya. Banyak masakannya digoreng
   dengan minyak.

   (たくさんの香辛料を使うほかに、インドネシア料理はさまざまな種類の唐
   辛子やココナツミルクなどを使う。多くの料理は油で揚げられる。)

8. ココナツミルクを使用する料理のメニュー例をあげなさい。

   Rendang, gulai, opor dan lain-lain. (ルンダン、グライ(グレイ)とオポー
   ルなど。)

9. インドネシア人にとっての主食は何ですか?

   Nasi putih. (白米。)

10. 白米と一緒に食される料理を何と言いますか?

    Lauk-pauk. (おかず。)

練習4

質問の日本語訳

アリフ:あなたは、何の日本料理がインドネシア人に好まれると思いますか?

アリフ:日本人が好きな料理は何ですか?

アリフ:日本では、会社員が一回の昼食にレストランや食堂でだいたいいくらぐらい
　　　　払いますか?

アリフ：インドネシア人は滅多に学校や職場に弁当を持っていきません。
　　　　日本人もそうですか？

第４課

練習２

動物相

　インドネシア語学習者の中で、時々インドネシアの動物相に興味を持つ人と出会う。インドネシアの自然の豊かさは自然や動物の愛好家を魅了する。動物相という言葉の意味は何であろうか？　インドネシア語大辞典によると、動物相という言葉は、ある生息地、地域、或いは特定の地質学の動物生態全般という意味を持つ。

　あなたが知っている通り、インドネシアはその国土に多くの動物が生息する非常に広大な島嶼国家である。インドネシアにいる全ての動物のうち、多くの動物がインドネシア固有動物と見なされている。固有動物は、ある地域、または地方に生息し留まる天然動物のことである。言い換えれば、本来の生息地の外では見られない動物である。インドネシア固有動物の例は、スマトラ島のスマトラトラ、スマトラサイ、カリマンタン島のオランウータン、カリマンタン象、バリ島のカンムリシロムク、東ヌサ・トゥンガラ地方のコモドオオトカゲ、スラウェシ島のセレベスメガネザル、セレベスツカツクリ、パプアの極楽鳥（風鳥）などである。

　ほかにもまだインドネシア固有動物がいるが、それらの中には絶滅の危機におびやかされている動物がいる。なぜならば、密猟や野生動物の取引などのような人間の仕業や、あるいは自然災害の影響で、多くの動物層の生態環境が壊れるからである。人間と同じ空の下に生きる動物の生息地として、その美しく豊かな自然を守ることができるように、自然環境や非常に希少な固有動物に対する社会の意識を高める努力がなされなければならない。

練習３

質問の日本語訳と解答例（日本語訳）

1. あなたがインドネシア語を学ぶモティベーションは何ですか？

　　Saya belajar bahasa Indonesia untuk memperdalam pengetahuan tentang kerajian tangan Indonesia khususnya batik Jawa.　※この解答例は一例です。
　　（私はインドネシアの手工芸品、特にジャワ更紗の知識を深めるために、インドネシア語を学びます。）

2. 動物相の単語の意味は何ですか?

> Arti kata fauna adalah keseluruhan kehidupan hewan suatu habitat, daerah, atau strata geologi tertentu.
>
> (動物相という言葉は、ある生息地、地域、或いは特定の地質学の動物生態全般という意味です。)

3. インドネシアには多くの固有動物が生息していますか?

> Ya. (はい。)

4. 固有動物という単語の意味を説明しなさい。

> Makna kata satwa endemik adalah satwa alami yang hidup dan mendiami suatu wilayah atau daerah tertentu, atau dengan kata lain, satwa yang tidak dapat ditemukan di luar tempat habitat asalnya.
>
> (固有動物の言葉の意味は、ある地域、または地方に生息し留まる天然動物であり、言い換えれば、本来の生息地の外では見られない動物です。)

5. インドネシアにいるいくつかの固有動物の例をあげなさい。

> Harimau Sumatera dan Badak Sumatera dari pulau Sumatera, Orang utan dan Gajah Kalimantan dari pulau Kalimantan, burung Jalak Bali dari pulau Bali, Komodo dari daerah Nusa Tenggara Timur, Tersius kerdil dan burung Maleo dari pulau Sulawesi, burung Cenderawasih dari Papua.
>
> (スマトラ島のスマトラトラ、スマトラサイ、カリマンタン島のオランウータン、カリマンタン象、バリ島のカンムリシロムク、東ヌサ・トゥンガラ地方のコモド、スラウェシ島のセレベスメガネザル、セレベスツカツクリ、パプアの極楽鳥（風鳥）。)

6. なぜ固有動物が絶滅の危機におびやかされているのですか?

> Karena banyak habitat fauna endemik yang rusak akibat ulah manusia, misalnya perburuan dan perdagangan satwa liar atau dampak bencana alam.
>
> (なぜならば、多くの野生動物は密猟や違法取引のような人間の仕業、あるいは自然災害の影響があるからです。)

7. インドネシアの森林でしばしば発生する自然災害の種類をあげなさい。

> Kebakaran hutan. ※この解答例は一例です。(森林火災。)

8. 固有動物絶滅の問題を解決するために、私たちは何をする必要があるでしょうか?

> Meningkatkan kesadaran masyarakat terhadap lingkungan alam dan satwa endemik yang sangat langka, dan tidak mengutamakan kepentingan manusia sendiri.

（自然環境や非常に希少な固有動物に対する社会の意識を高める努力をしな
　　ければなりません。）
　9. 日本の固有動物をあげなさい。
　　　Nihon kamoshika, Yanbaru kuina, Monyet Jepang dan lain-lain.
　　　※この解答例は一例です。（ニホンカモシカ、ヤンバルクイナ、ニホンザルなど。）
　10. 環境保全の活動として、行いやすい最も簡単な活動は何だと思いますか？（省略）

練習4

質問の日本語訳

アリフ：日本にはいくつくらい動物園がありますか？

アリフ：あなたは家で動物を飼っていますか？

アリフ：私は水族館で魚を見るのが好きです。
　　　　あなたは外国人観光客に、日本でどの水族館をお勧めしますか？

第5課

練習2

植物相

　インドネシアは17,000以上の島を有し、そのうち約7,000の島に人が住んでいる。
しばしばヌサンタラという名前でも呼ばれるインドネシアは、さまざまな要素におい
て多様性に富んでいる。植物相の多様性も、ヌサンタラの特殊性の要素に寄与している。

　1993年第4号大統領決定書に基づき、3種類の花が国花に制定された。制定された
それら3種類の花は、民族の花としてのジャスミンの花、魅力の花としての胡蝶蘭の花、
そして希少な花としてのラフレシアの花である。

　ラフレシアの花、またはラフレシア・アルノルディイの花は植物図鑑で紹介され、
その特徴について解説されている。この花はトーマス・スタンフォード・ラッフルズ
卿とジョセフ・アルノルド博士によってスマトラ島ブンクルで発見された。それゆえ
に、名前は、彼ら探検家と博士の2人の名前から付けられた。

　生物学的にこの花の生態はかなり魅力的である。この植物は宿主を必要とする寄生
植物の一種である。この植物は直径約1メートルの花のみを持ち、葉、茎と根を持た
ない。その巨大な花の大きさゆえに、ラフレシアの花は世界中で一番大きな花として
知られている。この花はたった1週間ほどしかもたない。調査によれば、雄花と雌花
が同時に開花することは滅多にないので、受粉率は非常に低い。受粉はラフレシアの

11

花の花粉媒介者の機能を持つハエに助けられなければならない。現在、適確な繁殖・栽培技術はまだ発見されていない。私たちは絶滅しないようこの花を保護していく必要がある。

練習3

質問の日本語訳と解答例（日本語訳）

1. インドネシアは合計どのくらいの島がありますか？

   Indonesia memiliki lebih dari 17.000 pulau.

   （インドネシアは17,000以上の島を有します。）

2. インドネシアでは、どのくらいの島に人が住んでいますか？

   Sekitar 7.000 pulau berpenghuni.（約7,000の島に人が住んでいます。）

3. インドネシアはしばしば何という名前で呼ばれますか？

   Indonesia sering disebut dengan nama Nusantara.

   （インドネシアはしばしばヌサンタラという名前で呼ばれます。）

4. 何種類の花がインドネシアの国花に制定されましたか？

   Tiga jenis bunga ditetapkan sebagai bunga nasional.

   （3種類の花が国花に制定されました。）

5. それら国花の名前をあげなさい。

   Bunga melati, bunga anggrek bulan, dan bunga padma raksasa.

   （ジャスミン、胡蝶蘭とラフレシアの花。）

6. ラフレシアの花は誰によって発見されましたか？

   Bunga ini/itu ditemukan oleh Sir Thomas Stamford Raffles dan Dr. Joseph Arnold.

   （この／その花はトーマス・スタンフォード・ラッフルズ卿とジョセフ・アルノルド博士によって発見されました。）

7. そのラフレシアの花が発見されたのはどこですか？

   Di Bengkulu, pulau Sumatera. （スマトラ島ブンクルです。）

8. ラフレシアの花の特徴を説明しなさい。

   Bunga padma raksasa adalah salah satu jenis tumbuhan parasit yang memerlukan tumbuhan inang. Tumbuhan ini hanya memiliki bunga yang berdiameter kurang lebih 1 meter, dan tidak memiliki daun, batang dan akar. Bunganya hanya bertahan sekitar seminggu.

   （この植物は宿主を必要とする寄生植物の一種である。この植物は直径約1メー

トルの花のみを持ち、葉、茎と根を持たない。花は1週間ほどしかもたない。)

9. ラフレシアの花にとって、ハエの機能（役割）は何ですか？

Lalat berfungsi sebagai hewan penyerbuk bagi bunga padma raksasa.

（ハエはラフレシアの花にとって花粉媒介者の機能を持ちます。）

10. ラフレシアの花の適確な繁殖・栽培技術は、もう見つかっていますか？

Teknik budi daya yang tepat belum ditemukan.

（適確な繁殖・栽培技術は、まだ見つかっていません。）

練習4

質問の日本語訳

カリナ：あなたは、何の花が日本を象徴する花だと思いますか？

カリナ：日本では、私たちはいつでも桜の花を見ることができますか？

カリナ：日本人が楽しむお花見の内容は何ですか？

カリナ：桜の花の美しさを楽しむ以外に、桜にはほかに用途がありますか？

第6課

練習2

英雄

　インドネシアの住所を注意してみると、私たちは日本の住所とは違うことに気がつくだろう。インドネシアの家やオフィスの住所は、通りの名前と番号で表される。インドネシアの通りの名前には、しばしば人名を用いる。通りの名前に使われる彼らは誰だろうか？　彼らはインドネシアの英雄たちである。その例は、スディルマン陸軍大将通り、ハジ・アグス・サリム通り、ラデン・アジェン・カルティニ通りなどである。

　通りの名前のほかに、空港の名前も英雄たちの名前がつけられている。インドネシア第一の空港は、バンテン州のタングランにあるスカルノ・ハッタ国際空港である。スカルノはインドネシア共和国初代大統領であり、フルネームがモハマッド・ハッタであるハッタはインドネシア共和国初代副大統領である。インドネシアの歴史に関連付けて考えると、インドネシア社会と英雄たちの精神的距離は近いといってよい。それゆえに、インドネシアの日常の生活環境において、英雄の名前を見つけるのはそれほど難しくない。

　英雄の日は毎年11月10日にインドネシア全国で祝われる。英雄の日に、インドネシア社会はインドネシア独立の闘争で命と身体を犠牲にしてまで闘った英雄たちの犠

13

牲を思い起こす。通常、政府機関、教育機関やさまざまな公の場所で英雄の日の式典が挙行される。式典の内容は、出席者全員によって歌われる国歌に合わせ国旗掲揚、黙祷し、パンチャシラ、1945年憲法前文、英雄のメッセージの朗読などである。

　インドネシア共和国社会省によって発表されたデータによると、現在191名の国家英雄が登録されている。この総数は、今後国家英雄の称号を与えられる人が増える可能性があるので変わるであろう。

練習3

質問の日本語訳と解答例（日本語訳）

1. インドネシアでの住所の書き方を説明しなさい。

    Alamat rumah atau kantor di Indonesia dinyatakan dengan nama jalan dan nomor.

    （インドネシアの家やオフィスの住所は、通りの名前と番号で表されます。）

2. 誰の名前がインドネシアの通りの名前に使われますか？

    Nama para pahlawan. 　（英雄たちの名前。）

3. インドネシアの空港名にも英雄の名前が使われますか？

    Ya, nama bandara di Indonesia juga digunakan nama pahlawan.

    （はい、インドネシアの空港の名前にも英雄たちの名前が使われます。）

4. スカルノ・ハッタ国際空港はどこに位置しますか？

    Bandara Internasional Soekarno-Hatta terletak di Tangerang, Provinsi Banten.

    （スカルノ・ハッタ国際空港は、バンテン州タングランにあります。）

5. インドネシアではいつ英雄の日が祝われますか？

    Hari Pahlawan dirayakan pada setiap tanggal 10 November.

    （英雄の日は、毎年11月10日に祝われます。）

6. 英雄の日に、どこで式典が挙行されますか？

    Upacaranya diadakan di instansi pemerintah, lembaga pendidikan dan berbagai tempat umum.

    （式典は政府、教育機関やさまざまな公の場所で挙行されます。）

7. 英雄の日の式典で行われるプログラムの内容は、何ですか？

    Isi acaranya, antara lain, pengibaran bendera Merah Putih diiringi lagu kebangsaan Indonesia Raya yang dinyanyikan oleh seluruh peserta upacara, mengheningkan cipta, pembacaan teks Pancasila, pembukaan Undang-Undang Dasar 1945, pesan-pesan pahlawan dan lain-lainnya.

（プログラムの内容は、出席者全員によって歌われる国歌に合わせ国旗掲揚、
黙祷し、パンチャシラ、1945年憲法前文、英雄のメッセージの朗読などです。）

8. 英雄の日の式典では、誰がインドネシアの国歌を歌いますか？

Seluruh peserta upacara yang menyanyikan lagu kebangsaan.

（出席者全員が国歌を歌います。）

9. インドネシアの国歌の曲名を言いなさい。

Indonesia Raya　（インドネシア・ラヤ（偉大なるインドネシア））

10. 現在合計何人の国家英雄が登録されていますか？

Saat ini jumlah pahlawan nasional tercatat sebanyak 191 orang.

（現在191名の国家英雄が登録されています。）

練習４

質問の日本語訳

アリフ：日本にはインドネシアのように英雄の日がありますか？

アリフ：日本で有名なインドネシアの人物は誰ですか？

アリフ：あなたはいつインドネシアが独立を宣言したか知っていますか？

アリフ：あなたはインドネシアの国歌を歌えますか？

第７課

練習２

宗教と信仰

　インドネシアは多様な種族、習慣、人種、文化と宗教からなる多民族国家である。2020年の人口調査の結果、インドネシアの人口は約2億7000万人を記録している。インドネシアの総人口は、いまもって年々増加している。

　インドネシア国家は、国民それぞれの宗教や信仰による礼拝をすることを保障している。インドネシア国家は、6つの宗教、すなわちイスラム、プロテスタント、カトリック、ヒンドゥー、仏教と儒教を正式に認めている。

　インドネシアの国民の多数はイスラム教を信仰している。インドネシアの全人口のおよそ88%はイスラム教徒である。イスラム教徒が礼拝をする場所の名前はモスクである。毎週金曜日、男性のイスラム教徒はモスクで礼拝をする。ジャカルタにはイスティクラル寺院という名前の東南アジア最大のモスクがある。このモスクは20万人以上の信徒を収容することができ、世界の10大モスクの一つである。

イスラム教徒に次いで信徒総数が多いのは、キリスト教のプロテスタントとカトリックである。キリスト教のプロテスタント信徒は約7%で、カトリック信徒は約3%である。彼らは日曜日に教会で礼拝をする。4番目の信徒総数はヒンドゥー教徒である。インドネシアにおけるヒンドゥー教徒の割合は、約1.7%である。しばしば神々の島と呼ばれるバリ島は、全インドネシアで最も多くのヒンドゥー教徒を有する。ヒンドゥー教徒は寺院で礼拝をする。ヒンドゥー教徒の家庭は、各家庭ごとに家族の寺院を持っている。礼拝をする時、ヒンドゥー教徒は供物としてチャナンを捧げる。ヒンドゥー教徒の女性たちの宗教的役割の一つは供物を作ることである。仏教徒と儒教を信仰する人は、総数がそれぞれ約0.7%と0.05%である。仏教徒は僧院で礼拝をし、一方、儒教の信徒は廟で礼拝をする。

中部ジャワに有名な寺院であるボロブドゥール寺院がある。この寺院は、世界最大の仏教寺院である。釈迦生誕祭には、釈迦生誕を祝うためにさまざまな国や街の仏教徒がボロブドゥール寺院に集まる。この寺院は、1991年にユネスコ世界文化遺産に登録された。仏教徒以外に、国内外の観光客もこの場所を訪れる。

練習3

質問の日本語訳と解答例（日本語訳）

1. なぜインドネシアは多民族国家と言われるのですか？

    Karena Indonesia terdiri dari beragam suku, adat, ras, budaya, dan agama.
    （インドネシアは多様な種族、習慣、人種、文化と宗教からなるからです。）

2. 2020年の人口調査の結果によると、インドネシアの総人口はどのくらいですか？

    Kurang lebih 270 juta jiwa. （約2億7000万人。）

3. インドネシアの総人口は、前年と比較して減少していますか？

    Tidak, jumlah penduduk Indonesia masih berkembang dari tahun ke tahun.
    （いいえ、インドネシアの総人口は、いまもって年々増加しています。）

4. インドネシア国家に認められている宗教をあげなさい。

    Agama Islam, Protestan, Katolik, Hindu, Buddha, dan Konghucu.
    （イスラム、プロテスタント、カトリック、ヒンドゥー、仏教と儒教。）

5. インドネシア国家に認められている宗教のうち、信徒総数が最も多いのは何教ですか？

    Agama Islam. （イスラム教。）

6. 毎週金曜日に男性のイスラム教徒はどこで礼拝しますか？

    Masjid. （モスク。）

7. イスティクラル寺院はどこにありますか？

   Di Jakarta. （ジャカルタ。）

8. キリスト教のプロテスタント信徒やカトリック信徒が礼拝する場所の名前を言いなさい。

   Gereja. （教会。）

9. ヒンドゥー教徒の女性たちの役割は何ですか？

   Salah satu tugas religius untuk wanita umat Hindu adalah membuat se sajen.

   （ヒンドゥー教徒の女性たちの宗教的役割の一つは供物を作ることです。）

10. 釈迦生誕祭に、仏教徒たちはどこに集まりますか？

    Penganut agama Buddha berkumpul di Candi Borobudur.

    （仏教徒はボロブドゥール寺院に集まります。）

練習4

質問の日本語訳

アリフ：大多数の日本人は何の宗教を信じていますか？

アリフ：日本にもモスクがありますか？

アリフ：毎年初めに、あなたはお祈りをしに神社に行きますか？

アリフ：七五三のお祝いについて話してください。

第8課

練習2

ガルーダ・パンチャシラ

　私たちはインドネシアに滞在すると、インドネシアの国章を目にすることができる。インドネシアの国章は、多様性の中の統一をスローガンとするガルーダ・パンチャシラである。インドネシア国家はパンチャシラと言われるある重要なイデオロギーをもっている。パンチャシラという言葉は、サンスクリット語に由来する2つの言葉から成り立っている。「パンチャ」は5という意味を持ち、「シラ」は原則という意味を持つ。

　日本占領期の末期に、日本はBPUPKI、すなわち、日本語で独立準備調査会を設置した。1945年6月1日、独立準備調査会会議最終日において、スカルノは国家の基礎構想、すなわちパンチャシラを提案した。

　パンチャシラは5つの原則からなるインドネシアの国家原則である。5つの原則は、1945年憲法前文に明記されている。その内容は、次のとおりである。

第一則：唯一神への帰依

第二則：公正で文化的な人道主義

第三則：インドネシアの統一

第四則：合議制と代議制における英知に導かれた民主主義

第五則：全インドネシア国民に対する社会的公正

　インドネシアの国章のデザインは、深い意味を含んでいる。ガルーダの鳥の中央に盾があり、その下の部分には、ガルーダがにぎる「異なっていても一つである」という意味を持つBhinneka Tunngal Ikaと書かれているリボンがある。

　その盾には、パンチャシラの5則のシンボルがある。黄色いひとつ星は、第一則のシンボル、金の鎖は第二則を象徴し、ベンガルボダイジュの木は第三則を象徴し、水牛の頭は第四則を象徴し、稲と綿は第五則を象徴している。ガルーダの鳥の尾、翼、首の羽の総数は、インドネシア独立宣言の出来事に密接に関係している。尾の羽は8枚である。ガルーダ・パンチャシラの鳥のそれぞれの翼の羽は、同じ羽の総数、すなわち17枚である。盾の下にある尾の付け根の羽の総数は19枚、また首元の羽は45枚ある。これら全ての羽の数は、インドネシア独立宣言の日付である1945年8月17日を示している。

練習3

質問の日本語訳と解答例（日本語訳）

1. あなたはインドネシアの国章を見たことがありますか？

　　　Ya, saya pernah melihat lambang negara Indonesia.

　　　（はい、私はインドネシアの国章を見たことがあります。）

　　　Belum, saya belum pernah melihat lambang negara Indonesia.

　　　（いいえ、私はまだインドネシアの国章を見たことがありません。）

2. インドネシアの国章の名前は何ですか？

　　　Garuda Pancasila. （ガルーダ・パンチャシラ。）

3. 「パンチャ」と「シラ」の意味は何ですか？

　　　"Panca" bermakna lima dan "sila" bermakna dasar.

　　　（「パンチャ」は5を意味し、「シラ」は原則を意味します。）

4. スローガンの"Bhinneka Tunggal Ika"の意味は何ですか？

　　　Berbeda-beda tetapi tetap satu jua.

　　　（異なっていても一つである。）

5. ガルーダ・パンチャシラの盾は何を象徴していますか？
   Simbol dari lima sila Pancasila.
   （パンチャシラの5則のシンボル。）
6. ガルーダ・パンチャシラの鳥の尾の羽の総数はいくつですか？
   Delapan helai.　（8枚。）
7. ガルーダ・パンチャシラの鳥のそれぞれの翼の羽の総数はいくつですか？
   Tujuh belas helai.　（17枚。）
8. ガルーダ・パンチャシラの鳥の尾の付け根の羽の総数はいくつですか？
   Sembilan belas helai.　（19枚。）
9. ガルーダ・パンチャシラの鳥の首の羽の総数はいくつですか？
   Empat puluh lima helai.　（45枚。）
10. ガルーダ・パンチャシラの鳥の全ての羽の数字は何を示していますか？
    Tanggal Proklamasi Kemerdekaan Indonesia.
    （インドネシア独立宣言の日付。）

練習4

質問の日本語訳
アリフ：あなたは、日本の象徴的な鳥は何だと思いますか？
アリフ：あなたが住んでいる地域のシンボルについて話してください。
アリフ：日本で有名な神話の生き物の名前は何ですか？
アリフ：あなたが好きな日本のおとぎ話は何ですか？

第9課

練習2

国定休日

　毎年の中頃に、インドネシア政府は翌年の国定休日を発表する。国定休日は通常、3名の大臣、宗教大臣、労働大臣、国家行政改革担当大臣により定められる。それら大臣の合意は共同決定書により通達される。国定休日以外に政令指定休日と言われる公休日もある。政令指定休日は一般に、イドゥル・フィットゥリ（断食明け大祭）、あるいはキリスト降誕祭のような宗教的な祝日に合わせる。この政令指定休日の目的は、国内観光を刺激し、また公務員の効率を向上するためのインドネシア政府の政策にある。

インドネシアの国定休日は、多くが宗教に関連している。西暦の新年、国際労働者の日、パンチャシラ誕生の日、インドネシア共和国独立記念日、キリスト降誕祭（クリスマス）の日付は、毎年同じである。旧正月、ムハンマド昇天祭、ニュピ（サカ暦新年）、キリスト受難、釈迦の生誕祭、キリスト昇天祭、イドゥル・フィットゥリ、犠牲祭、イスラム暦新年、ムハンマド生誕祭の日付は、イスラム暦、グレゴリオ暦、バリ暦、仏暦と中国暦（陰暦）にしたがって変わる。

全ての国定休日の中で、最もにぎやかな祝祭はイドゥル・フィットゥリである。イドゥル・フィットゥリの前には、そこかしこで、とりわけ駅や空港などで帰省の波が見られる。その祝日には、インドネシア人、特にイスラム教徒は知人や親戚などに会い、旧交を温めるために出身地へ帰る。イドゥル・フィットゥリ休暇の間は、住民がいろいろな地方へ出かけるため、普段はにぎやかでいつも渋滞する大都市の雰囲気は落ち着き、むしろ閑散とする。

インドネシアにおける年末年始休暇は日本のようではない。インドネシアの社会では特別な価値を持たず、西暦の新年を迎える特別なイベントはない。通常、会社や学校は1月2日から始まる。

練習3
質問の日本語訳と解答例（日本語訳）

1. 毎年の中頃に、インドネシア政府によって何が発表されますか？

   Pemerintah Indonesia akan mengumumkan tanggal hari libur nasional untuk tahun berikut.

   （インドネシア政府は翌年の国定休日を発表します。）

2. 誰が国定休日を定めますか？

   Menteri Agama, Menteri Ketenagakerjaan, Menteri Pendayagunaan Aparatur Negara dan Reformasi Birokrasi.

   （宗教大臣、労働大臣と国家行政改革担当大臣。）

3. 何の手段で国定休日は人々に伝えられますか？

   Dengan Surat Keputusan Bersama（SKB）hari libur nasional disampaikan kepada masyarakat.（共同決定書で、国民に国定休日が通達されます。）

4. 政令指定休日の目的は何ですか？

   Tujuan cuti bersama adalah kebijakan pemerintah Indonesia sebagai sarana untuk merangsang pariwisata domestik dan meningkatkan efisiensi pegawai negeri.

（政令指定休日の目的は、国内観光を刺激し、また公務員の効率を向上するためのインドネシア政府の政策です。）

5. 全てのインドネシアの国定休日の日付は毎年同じですか？

Tidak, sebagian besar hari libur nasional Indonesia tanggalnya berpindah-pindah setiap tahun.

（いいえ、多くのインドネシアの国定休日は、日付が毎年移動します。）

6. インドネシアの国定休日の多くは、何に関連していますか？

Agama. （宗教。）

7. 何の国定休日の祝祭が最もにぎやかですか？

Hari Raya Idul Fitri. （イドゥル・フィットゥリ。）

8. 上の国定休日に、大都市の雰囲気が落ち着き、閑散とする理由は何ですか？

Sebab penduduk kota-kota besar bepergian ke berbagai daerah.

（大都市の住民はいろいろな地方へ出かけるからです。）

9. イドゥル・フィットゥリの祝日の間に帰省する目的を説明しなさい。

Salah satu tujuan mudik selama Hari Raya Idul Fitri adalah bersilaturahmi di kampung asalnya.

（イドゥル・フィットゥリの間に帰省する1つの目的は、出身地で旧交を温めるために、知人や親戚などに会うことです。）

10. インドネシアでは西暦の新年を祝う時に特別なイベントがありますか？

Tidak, di Indonesia pada umumnya tidak merayakan Tahun Baru Masehi dengan acara-acara khusus.

（いいえ、インドネシアでは一般に西暦の新年は特別なイベントで祝いません。）

練習4

質問の日本語訳

カリナ：クトゥパッ・ルバランは、イドゥル・フィットゥリの祭日を象徴する食べ物の一つです。日本の正月を象徴する食べ物は何ですか？

カリナ：一般的に、日本人はいつ帰省しますか？

カリナ：私は日本には毎年4月末から5月初めに長い休みがあると聞いたことがあります。その長い休みは何と言いますか？

カリナ：年末年始休暇の間、日本人はどんなイベントを楽しみますか？

カリナ：日本の祝日にも、特定の宗教に関連している祝日がありますか？

第10課

練習2

教育

　友人たちと学校で活動に参加することは、全ての子供達の夢である。教育機会提供の保障は、国家の国民に対する一つの責任である。正規教育は、基礎教育、中等教育、高等教育からなる。

　インドネシアでは、全ての国民は9年間の義務教育プログラムを受ける権利がある。義務教育プログラムは、小学校の6年間と中学校の3年間で行われる。基礎教育は、小学校という形式と、それと同等の他の形式がある。

　7歳になる子供たちは優先的に小学校に入学するが、時には年齢が7歳未満であっても、小学校に児童として受け入れられる場合がある。保護者は子供を公立、あるいは私立の学校に入れることができる。幼児教育は、通常PAUDと言われる。一部の子供たちは小学校に入学する前に、幼稚園、またはプレイグループで学ぶ。しかし、このプログラムは義務ではない。

　基礎教育段階を終了した後、国民は3年間の高等学校、または職業高等学校の教育段階に進学することができる。この教育期間は中等教育と言われる。中等教育プログラム終了後、卒業生は大学に進学をしてもよいし、また労働力として社会に出ることなどもできる。

　一部の中等教育の卒業生は、高等教育段階での教育を継続することができる。ここでいう教育プログラムの種類は、ディプロマ、学部課程、修士課程、博士課程である。

　インドネシアでは新学期は7月に始まる。奇数学期は7月に始まり12月までで、偶数学期は1月から6月までである。以前と比較すれば、最近就学率は上がり続けている。しかし、学校をやめる、またはドロップアウトする児童生徒がいる。この状況はとても残念である。学校に通うことに困難を抱える彼らに支援を与える手段・施設、あるいはシステムは、児童生徒が年齢に応じた教育を受けられるように可能な限り整えられるべきプロジェクトの一つである。

練習3

質問の日本語訳と解答例（日本語訳）

1. インドネシアの国民は、何年間の義務教育を受けますか？
　　　　Selama sembilan tahun.　（9年間。）
2. インドネシアではどこで義務教育が行われますか？

Di SD, SMP dan bentuk lain yang sederajat.

（小学校、中学校と他の同等な形式の場。）

3. SDの言葉の正式名称を言いなさい。

　　Sekolah Dasar

4. SMPの言葉の正式名称を言いなさい。

　　Sekolah Menengah Pertama

5. SMAの言葉の正式名称を言いなさい。

　　Sekolah Menengah Atas

6. "pendidikan anak usia dini"の省略形は何ですか？　　PAUD

7. インドネシアでは、いつ新学期が始まりますか？

　　Bulan Juli.　（7月。）

8. 最近のインドネシアにおける就学率の状況はどのようですか？

　　Angka partisipasi sekolah terus meningkat.

　　（就学率は上がり続けています。）

9. 全ての児童生徒は卒業までたどりつきますか？

　　Tidak, sebagian peserta didik tidak berhasil lulus.

　　（いいえ、児童生徒の一部は卒業できません。）

10. あなたは、インドネシアで児童生徒が学校をやめる理由は何だと思いますか？

　　Menurut saya, faktor kemiskinan, kondisi kesehatan peserta didik kurang
　　mendukung dan lain-lain yang menjadi alasan untuk peserta didik putus
　　sekolah di Indonesia.　※この解答例は一例です。

　　（私は、貧困や児童生徒の健康状態などが児童生徒がインドネシアで学校を
　　やめる理由だと思います。）

練習4

質問の日本語訳

アリフ：何の塾が日本の子供たちに最も人気がありますか？

アリフ：あなたは塾に通ったことがありますか？

アリフ：日本ではおよそ何％くらいの高校卒業者が大学に進学しますか？

アリフ：インドネシアの大学生は留学したいという希望を持っています。日本の大学
　　　　生はどうですか？

アリフ：インドネシアでは、一部の人は学校で学ぶために政府や民間の奨学金を受給
　　　　しています。日本ではどうですか？